天才少年家教手册

培养天才学习 ABC

主编：吴忠魁
作者：永　利

北方妇女儿童出版社

图书在版编目（CIP）数据

天才少年家教手册．培养天才学习 ABC／余凯，永利著．—2 版．—长春：北方妇女儿童出版社，2011.9
ISBN 978-7-5385-1341-7

Ⅰ.①天… Ⅱ.①余… ②永… Ⅲ.①儿童教育：家庭教育 Ⅳ.①G78

中国版本图书馆 CIP 数据核字（2011）第 179928 号

天才少年家教手册

培养天才学习 ABC

主　　编：	吴忠魁
作　　者：	余凯　永利
责任编辑：	师晓辉
出版发行：	北方妇女儿童出版社
	（长春市人民大街4646号　电话：0431-85640624）
印　　刷：	北京世纪雨田印刷有限公司
开　　本：	650mm×960mm　1/16
印　　张：	13
字　　数：	158千字
版　　次：	2011年9月第2版
印　　次：	2013年11月第3次印刷
书　　号：	ISBN 978-7-5385-1341-7
定　　价：	25.80元

质量服务承诺：如发现缺页、错页、倒装等印装质量问题，可向印刷厂更换。

序

谁家没有孩子？哪个父母不望子成龙、希望孩子成为天才？拳拳父母心，切切亲子情，常令为父母者殚精竭虑。

然而，数以千万计的家长却在家庭教育方面陷入困境。有的因教子无方而迷茫、有的因教子不当而苦恼。千百万父母渴望得到教育家的指导，无数有识之士在呼吁尽快提高家教的素质。为此，北京师范大学一批从事教育科学和心理科学研究的知名学者经多年努力编著了这套《天才少年家教手册》。希望此书给为家教失败所困扰和渴望孩子成才的家长们一些实际的帮助。

此套丛书既有实际的案例分析，又有专家的建议和忠告。科学性、系统性、实用性和可操作性是这套丛书的突出特点。

每位天才少年成功的背后，总会站着伟大的父母。愿天下家长都成为伟大的父母，愿每个孩子都成为成功的天才少年。

目　录

一　找到适合自己性格的学习方法 / 003
  社交型性格该注意什么 / 003
  活动型同学的学习方法 / 005
  慎重型性格的孩子如何学习 / 007
  依赖型性格的孩子怎么办 / 008
  自卑型性格的同学怎样学习 / 009
  极认真型同学的学习方法 / 011

二　打开你的智慧大门 / 015
  学会观察 / 015
  增强记忆力 / 017
  插上想象的翅膀 / 019
  训练自己的思维 / 021
  有个好情绪 / 026
  炼就坚强的意志 / 029

三　家庭和课外的学习 / 035
  怎样做家庭作业 / 035
  在家里为学习做好准备 / 041

怎样用好空闲时间 / 047

如何学习课外读物 / 051

听广播、看电视中的学习 / 057

学会积累学习材料 / 060

四 学校的学习 / 069

做好课前准备 / 069

听课的方法 / 071

记好课堂笔记 / 074

抓紧课堂练习 / 077

课堂读书自学 / 078

怎样复习功课 / 079

怎样预习 / 085

攻克考试关 / 089

五 学习中的错误行为分析 / 095

学习准备不足 / 095

缺乏学习计划 / 096

学习时间安排不当 / 097

学习没有恒心 / 097

幻想一步登天 / 098

注意力不集中 / 099

抓不住学习重点 / 099

偏科 / 100

没有思考的习惯 / 101

死读书 / 101

"开夜车" / 102

题海战术 / 103

考前临时抱佛脚 / 103

粗心大意 / 104

疲劳时学习 / 104

驻足学习"高原"期 / 107

学科好恶 / 108

六 掌握一般的学习方法 / 111

运用正反对比法 / 111

由此及彼法 / 112

快速记忆 / 113

明察秋毫 / 115

有效阅读 / 115

系统学习 / 116

关系学习法 / 118

浮想联翩的妙用 / 119

迁移效果 / 120

拆卸学习法 / 121

锥形学习法 / 121

循序渐进 / 122

循环学习 / 123

善于回想 / 124

纲要信号法 / 125

试误法 / 126
劳逸结合的学习法 / 126
归纳法 / 127
学用结合 / 128
自主学习 / 129
条件反射的作用 / 130
锲而不舍 / 131

七 主科学习方法提要 / 135
语文的学习方法 / 135
数学的学习方法 / 150
英语的学习方法 / 167

一 找到适合自己性格的学习方法

每个人都有自己的性格,即使同胞兄弟姐妹,性格也不完全一样,全班同学之间性格同样也是不尽相同。

学习与人的性格有关,不同的性格会有不同的行为方式。也会有不同的学习方式。

性格大体上可分为内向型和外向型两类,细分的话,可以分为社交型、活动型、慎重型、依赖型、自卑型和极认真型六种。

下面是六种不同性格学生的学习方法,看看你基本上属于哪一种,找到与你性格相适应的学习方法,发扬其中的长处,克服其中的短处。

社交型性格该注意什么

【测试】 看看你是否是社交型的
1. 喜欢帮助别人;
2. 遇事从容不迫;
3. 时常说些使周围人高兴的话;
4. 与朋友讲话,时常是以友好的态度;
5. 与三个以上的朋友在一起玩;
6. 对他人从不摆出厌恶的面孔;
7. 在众人面前能自然地说、笑、跳、唱;
8. 能与来访的客人快活地谈话;
9. 比较愿意和同学们一起读书、做作业、做游戏;
10. 在学习时来了朋友,或听到外边说闹游戏声,马上跑出去。
11. 老师讲解,自己一听就会,但往往一做题就出错。

在每个提问后面，你同意的打"√"，不同意的打"×"，如果"√"是7个以上，就可以判断你是属于社交型的（下面的测试也是如此）。

社交型的同学，性格特征为开朗、喜欢讲话，善于结交朋友，在为人处事方面表现出大方、自然，喜欢参加班集体活动，容易和同学打成一片。

这种类型的同学受老师和同学们所喜爱，在同学中威望高。若学习成绩好，常被选为班干部。

缺点是耐性差，缺乏集中的精力，思维往往有些浮浅，独自钻研精神不很强，虽乐于助人，但又很难把握分寸。考试不注意小的细节。因此，这种类型的同学虽然能力不低，但成绩往往并不理想。

如果你属于社交型的性格，学习时就应注意：

★环境设置要安静、优雅，尽量隔绝外界干扰，课桌上尽量放些与课本相关的书，不要放些与学习无关的东西，以免分散你的注意力。

★要养成良好的学习习惯，比如早起一个小时学习，放学后把作业做完后，再找同学们玩。一天中抽出半个小时到一个小时来读些课外读物。当作业或考试出现错误时，要找出错误的原因，等等。

★要制定一个学习计划，短期的或长期的；最好计划的时间不要太长，目标也不要定得太高。比如这个月我计划学什么，语文学习达到什么要求，数学达到什么目标，外语记住多少单词等。制定完后，关键是执行。由于我们易接受别人的表扬，一有点进步时，就像真正成功似的。因此，老师和家长的表扬，常使我们产生自满情绪。这时，应该控制自己，不要骄傲。在实施计划时，要经常进行自我监督。

★要养成做笔记的习惯。不论是习题，还是要求必须做到的事情以及需要记住的事情等等，都要有重点地记下来。特别是进行有计划地观察某一现象、某一地方时，要善于写观察日记。日积月累，就会提高我们的注意力和集中力，同时，也丰富了我们的知识。

【提示】　社交型性格的人，学习应在清静、噪音小、光线适宜的环境中进行，要有计划，有目标，还要养成良好的学习习惯。

找到适合自己性格的学习方法

活动型同学的学习方法

【测试】 看看你是否是活动型的

1. 想起干什么就马上做；
2. 喜欢体力劳动，不太喜欢读书；
3. 情绪波动很大，不能集中于一件事情；
4. 对别人的表扬和批评，喜怒于色；
5. 做事冒失，不得安闲；
6. 喜、怒、哀、乐毫不掩饰地表露出来；
7. 周围环境经常影响学习；
8. 对家长的申斥，内心诚惶不安；
9. 喜欢的东西，千方百计也要得到它；
10. 对成绩的变化，并不感到激动。

活动型同学的性格特征是：高兴的时候，行动明显地表现出积极、活跃，但缺乏毅力；脾气不稳定，忽冷忽热，感情剧烈波动；有时使人感到没有安静的时候；遇事缺乏主见，特别易受别人的影响。

此类型的优点是：干事有热情，一旦集中于某件事，会有惊人的毅力，干出出色的成绩；由于活动较多身体很好。

缺点是：情绪不稳定，忽冷忽热，虽精力旺盛，但由于热衷于太多的事项，最后常常是一无所成。

这类学生同学关系好恶分明，能交上好朋友，但也有可能在团体中被孤立。

如果你是活动型的性格，学习时应注意以下几点：

★宜用分散法进行学习

由于这类性格常常喜欢边玩边学习。比如边看书、边看电视，边听音乐边写字，边吃东西边背单词。由于一心不能二用，这种学习效率很低。

为了集中注意力，采取分段学习方法较好。比如学习时以 30 分钟为一段，在这段时间内要命令自己集中精力学，然后休息 10 分钟左右，再改变其他学科。慢慢的，把 30 分钟延长到 45 分钟、60 分钟、一个半小时等，逐渐培养自己集中精力学习的习惯。

为了集中你的注意力，开始时，可先学习感兴趣的学科，等情绪调动起来之后，再改为较难或不感兴趣的学科。这样交替进行，可以使你不致于因为学太难的学科而疲劳，慢慢地也会对不感兴趣的学科产生兴趣，从而提高学习成绩。

★家庭气氛也是很重要的因素

家庭是影响孩子情绪不安的重要因素。如果父母"望子成龙"，对孩子期望过高，无疑会给他们的心理造成很大的压力。如果达不到要求，有时会招来一场打骂，父母也许以为是"棍棒下面出孝子"，殊不知，这种"严厉"的教育对孩子的身心造成多大的危害！儿童整天生活在诚惶诚恐的环境，话不敢说，大气不敢出，怎能会有一种平静的心情来学习呢？

儿童希望在一种和谐、民主的家庭环境中学习，这样可以使他们保持良好的心态。希望父母给我们讲道理，指出我们出现错误的原因，能发现孩子身上的"闪光点"，这样，他们才会有信心，对自己感兴趣的事情，也会去努力做好。关于这一点。孩子可以和家长谈谈。

★安静的环境也是集中精力学习的前提

学习室换上绿色或淡青色的窗帘，墙纸也要与窗帘色一致。以色调来说，红色有使人情绪振奋的作用，橙黄色有使人喜悦、温暖的感觉。而绿色则给人以安静及满足的感受。一般而言，温暖的色彩有刺激、发散感情的效果；冷色系列的颜色，则有使人情绪踏实、稳定的效果。

书桌上不要放那些分散注意力的东西。书桌前的墙上可贴一张学习计划和人生格言，还要贴一张计划检查表，及时检查计划完成情况、学习进展情况等。

学习室要尽量设置在僻静处，以免外界噪音的干扰。

★学点集中精力的方法

为培养毅力，我们可以多读些书籍，即使是短篇的文章也好。当然从读有趣味的书开始，让引人入胜的书籍把我们的精力吸引过去，集中起来。对有些数学题，应多想些解题方法，不会做的话，也不要轻易放弃，因为，目的不仅仅在于要求得正确答案，还在于以此培养我们集中思考的能力。还可以用些游戏方式，比如拼字、猜谜语、推理等，培养对学习的兴趣。有了兴趣，精力就容易集中些。

找到适合自己性格的学习方法

【提示】　活动型同学宜用分散法进行学习。为了集中注意力，要选择良好的环境，同时家庭环境也是很重要的方面，还要学习些集中注意力的方法。

慎重型性格的孩子如何学习

【测试】　看看你是否是慎重型的
1. 很注意学习成绩，总是闷闷不乐；
2. 很在意别人的言语；
3. 被申斥后总是念念不忘；
4. 不论做什么事，总是怕失败；
5. 在生人面前，不敢说话；
6. 在学习中，稍有动静就转移注意力；
7. 常常犹豫不决，许多机会错过了；
8. 决定的事，常常反复变动；
9. 自己的东西不愿借给他人；
10. 老师的一句表扬话，常使自己激动不已。

慎重型的性格特征是规规矩矩，对任何事物都持慎重的态度，能注意到细节变化，常常是想好再行动，重视所做事情的正确性。

这类同学的优点：学习认真，细致，少差错，思维严谨，学习成绩属于中上等。由于行动迟缓，常常考试时间不够用。

缺点是：心胸不够宽阔，对小事过于斤斤计较；因过于注重正确性，追求事物的完美，做事时常常表现出优柔寡断，许多时候，坐失良机。

如果我们属于慎重型，学习时应注意：

★增强体力

由于儿童心思重，而身体状况往往不好，且不爱运动，所以应该多参加运动，比如长跑、篮球、排球、跳绳等，以增强体质，同时，也可以从中感受到胜负的滋味。

★培养各方面的兴趣

这种性格的孩子思想比较保守，不活跃，表现出对许多事情不感兴趣。一心放在学习上，而学习成绩并非所期望的那么理想。要想转变，家长要培养孩子对生活、对事物的兴趣。比如饲养小动物，培养爱心。集邮、画画、剪报、书法、听音乐等可以增长知识，充实生活，从而对生活充满热情。这种热情对学习成绩的提高是有促进作用的。

★积极参与活动，提高自信心

课堂提问，演讲比赛，要积极、主动参与，即使回答问题有误，演讲水平不高也无妨，关键是自己是否有这种胆量。只要认为正确的就大胆说出来、写出来，即使错了，也没什么，时常用这些话鼓励自己，增强自信心。

★提高学习效率

通常，我们在未做一件事以前就过多地考虑失败、错误，从而浪费许多时间。在学习中总是对自己所学东西把握性不大，因而反复考虑，往往在些细支末节上绕来绕去，从而拣了芝麻而丢了西瓜，这是时间未分配和利用好的结果。

★不要过分重视别人怎么说

有时我们比较注重一些细节，也特别在一些小事情上希望得到家长和老师的赞扬。同样，一句不经意的话，可能在内心世界产生极大的反响。因此，家长和老师的表扬与申斥都影响学生的情绪。平时要加以控制。

【提示】 慎重型性格的同学，要以增强体力，培养各方面兴趣，参加各种各样的活动，提高自信等方面进行自我训练。同时还要合理地安排、利用时间。不要太在意别人怎么说、怎么评价。

依赖型性格的孩子怎么办

【测试】 看看你是否是依赖型的

1. 有不明白的地方，自己不认真思考就去问其他人；
2. 自己不做习题，总想找同学、老师教给自己再去做；
3. 家长或老师不催促，就不主动学习；
4. 学习环境总靠家人给收拾；
5. 学习方法是由家长或老师给制定的；

找到适合自己性格的学习方法

6. 总是借同学的笔记、作业看；
7. 干什么事，要由他人催促；
8. 每次出门，总是被家长提醒不要忘记东西；
9. 自己不主动找同学玩；
10. 对游戏、讲故事、猜谜语等不感兴趣。

依赖型的性格特征：老老实实，很少有反抗行为，认真听取长辈或他人的意见。特别相信自己的老师。

缺点：缺乏主见，遇事自己不能独立解决，凡事依赖他人。

优点：认真听讲，完成老师布置的作业，在学校和家中都属于"乖"孩子。

由于依赖他人，个人潜在的能力不能充分发挥出来，遇事不果断。但由于善于听取老师和亲人的话，可以借此给予很好的指导。

如果自己属于这种类型，学习时该注意什么呢？

★培养独立处理问题、解决问题的习惯。遇到不会不懂的问题，不要急于问老师，自己多动脑筋、想办法，查字典，查有关参考书。若经过查找，仍得不到解答时，再去请教别人。

平时学习时，要多问自己几个为什么，这样有利于养成独立思考的习惯。

日常生活中，要培养自理能力。有时父母对我们的生活大包大揽，也造成我们依赖的性格。因此，对日常生活中的事，我们应自己动手，实在不能完成时，才请求父母的帮助。

★应多与独立型孩子在一起。看看他们是怎样想的，怎样做的。生活和学习态度怎样，对比自己，怎样向他人看齐。不懂的地方问问别人，以便得到指导。

由于依赖心理，常常能完成老师和家长规定的任务。有时即使出了差错，也不要灰心，要有一种"我行"、"我能做好"的心理。

自卑型性格的同学怎样学习

【测试】　看看你是否是自卑型的
1. 干什么事总爱说"我不行"；

2. 没有自信心，不和朋友在一起玩；

3. 不敢在他人面前发表自己的意见或唱歌；

4. 要不是双亲要求，自己决不去见客人；

5. 长相、体型比别人差，很介意；

6. 有认为自己脑筋不好，学习也没有用的思想；

7. 从来没有产生过决不落后于人的思想；

8. 干事提心吊胆，又担心失败；

9. 有时常认为自己不如人，而心情烦躁；

10. 成绩是中下等。

自卑是一种自觉不如人、轻视自己的情绪体验，并逐渐会转化为一种稳定的性格。如果我们是属于这种类型，常常会处于恐惧心理，觉得干什么都干不好。

自卑是一种消极情绪，它常常影响着孩子的学习和做其他的事情，这种心理已久，有时还会产生"破罐子破摔"的心理。如果不克服它，可能会使孩子终生一无所成。

如果你属于自卑型，该怎么办呢？

★ 树立自信心

自信的产生可以消除自卑心理。这需要我们从小事做起，每做一件事都争取做好，这样我们会产生自信心。"勿以善小而不为。我们从点滴的成功中，感觉到自己在不断进步。觉得自己还是能干好、能学好。学习也是一样，从小目标开始，逐步增加要求，这样会渐渐增强自信，由"我不行，我笨"变成"我行！我能干，我不笨"。

从擅长某些专项中，也可以对自己产生信心，比如体育项目中篮球打得比较好，唱歌还不错，黑板报做得还可以等。从这些方面的表现中，得到了老师的表扬和同学们的好评，因此也会产生学好其他学科的信心。

★ 家庭气氛的影响

如果我们的父母是完美型的，他们往往是对我们期望过高，一旦达不到要求，他们会批评我们，说什么"你干什么也不行！"长久在这种"教训"下，真觉得自己一无是处，干什么也没用，从而形成一种自卑心理。

相反，如果我们的父母是自卑型的，他们的一言一行都影响着我

找到适合自己性格的学习方法

们。在他们"自卑"的感染下,我们很难会产生自信。

所以家庭是影响我们情绪的重要因素。不过我们也应该有自己的判断力,尽量别受父母偏激"断言"的影响。

★学名人是克服自卑的一种方法

名人的成长过程并非一帆风顺,都曾经过坎坷不平的历程,而在这个过程中,他们却是靠着顽强的毅力,高度的自信,才达到成功的彼岸。大发明家爱迪生,没有受过正式教育,只上过3个月学。在通往科学顶峰的艰难道路上,数不清的失败、暴风雨般的冷嘲热讽并没挫伤他的信心,而是一如继往,步履艰难地往前走。如果一受挫就丧失信心,产生自卑,那么上千种世界发明不知何时才能问世。

读名人故事书,听名人成长的故事,不但丰富我们的知识,而且还会克服我们的自卑心理。

【提示】　学名人是克服自卑的方法。家庭环境也影响着我们自卑或自信的形成。

极认真型同学的学习方法

【测试】　看看你是否属于极认真型的

1. 成绩是上等的;
2. 一旦决定的事便坚决执行;
3. 不用家长的催促,而主动学习;
4. 为了不被双亲斥责,总是注意行事;
5. 为了不被老师批评,总是认真学习;
6. 对笔记、作业一丝不苟;
7. 为了取得好成绩而努力学习;
8. 定时起床、学习和休息;
9. 不容忍他人的缺点;
10. 业余爱好很少。

极认真型的同学性格特征:自信,有扎扎实实干事的品质。对长辈或高年级学生的命令能很好地服从,行动有些近乎于固执;自制力强,能脚踏实地，一步一个脚印地按自己的计划进行，不受他人的影响。

优点：自信，自制力强，学习有自主性和计划性。学习成绩好，生活能力强，有时还具有创造力。

缺点：因过于认真，而缺乏表现力。举止刻板，书呆子气重。过于自信，表现出自负倾向。思想和视野往往是狭隘的和有些个人主义的。

如果发现我们属于这种类型的性格，则学习时应注意：

★扩大自己的视野

因学习成绩好，往往容易产生过于自信的思想。有时沉溺于自我中心的范围中，而看不到"人外有人，天外有天"。这时，要设法扩大视野，找些课外读物、习题集等来看，要多向别人学习和请教。在丰富自己知识的同时，也应意识到自己的不足。

★培养其他方面的兴趣

由于我们只注意学习，因而对其他的活动往往不大感兴趣。应该适当地改变一下自己，培养其他方面的兴趣，比如：看歌剧，听音乐，观看体育比赛，打打球，下象棋等，激发探究心理。

★培养待人的热情态度

认真不是坏事，在不失其特性的同时，应该开朗、大方，对人热情，与人协调好关系。不要因过于认真，与其他人一起办事没有通融的余地，从而失去许多好朋友。要容忍别人的做法。对于别人的失败，要以宽容的态度去对待。在同学有困难时，伸出友谊援助之手。要帮助学习比自己差的同学。

★制订一个目标稍高的学习计划

我们这种性格具有附着力强，具有一种对难办的事情也能坚持办好的干劲。对于稍高一些的目标，也有充分的自信，觉得自己一定能达到。一旦下了决心，最后一定能够彻底实现。这种稍高的计划也是发展我们潜力的好方法。

【提示】　通过扩大视野，来克服自负心理；定高学习目标，发掘潜能；通过对其他方面产生兴趣，来充实我们的内心世界，平时要待人热情、大方。

上述性格分类只是相对而言的，通常我们只属于一种类型的几乎是没有，多数是属于混合型。因此我们要综合应用各类型的学习方法。

二　打开你的智慧大门

学会学习，取得好成绩，其实并不难，重要的是把自己的脑瓜搞活，提高自己的智能水平，有了高智能，你会更聪明，发展更有后劲，学习也就不再是难事了。

学会观察

要想学习成绩好，细心观察是条道！

观察是认识世界的重要途径，是学习知识的最重要方法之一。通过观察，我们学到了知识，形成了认识事物的方法。

★学会有目的的观察

有些同学把观察仅仅理解为"看"，其实，并不是所有的看都是观察。看，只是注意那些好奇，令你感兴趣的东西，与通过观察想探索什么不同。

为了学会观察，首先必须养成有目的地去观察的习惯。观察前，明确观察的任务是什么？然后，再去观察些不易引起人们注意的特殊地方。

★学会观察的方法

虽然观察目的明确了，但因为知识少、经验不足，缺乏对事物进行整体、全面系统的观察能力，结果是"拣了芝麻，丢了西瓜"，往往只注意那些色彩鲜明的，有较强刺激性的部分，忽视细小，然而是主要的部分。

观察时要有计划、有层次，明确应该看到哪些东西，从哪几个方面看，先看什么、后看什么。还要运用思维去分析、比较，学会抓住事物的本质特征，由表及里、由部分到整体。这样，我们才对观察的对象，有一个整体的系统的认识。

比如观察圆柱体，应这样进行：

1. 观察圆柱的外部形状：直的，头尾粗细一样；
2. 圆柱上下有两个圆形底面，把上底面取下，放在下底面上，刚好重合，说明两个底面的面积相等；
3. 把直圆柱的侧面展开，说明只有一个长方形侧面；
4. 长方形的宽，正是直圆柱上底与下底之间的距离，也就是它的高。

当我们从整体到部分观察后，再反序而行，从部分回到整体。这样我们便记住了圆柱体的主要特征：圆柱的两个底面是相等的圆，它的侧面展开是长方形，长方形的宽就是它的高。

★不同观察类型的学生，观察方式是不同的。看看你属于哪种类型。

个体型

这种观察类型的人，其特点是"只见树木，不见森林。"往往能发现事物的许多特点，但不会把这些特点联系起来，从整体上看问题。这种类型的学生，在学习上表现出只理解零碎知识，无法把这些知识综合起来。

群体型

这种观察类型的人，其特点是"只见森林，不见树木"。往往只会把观察停止在事物的整体上，而不能对事物的细节进行细微的观察。学习上表现为虽能背古诗，但写时错别字太多，虽能做难题，却对小题则是错误百出。

混合型

这种观察类型的人才，其特点是"既见森林，又见树木"。他能把握事物的整体，又能仔细地察觉到事物的细节。学习时，能全面准确地掌握知识。

我们希望你成为混合型的人才。如果你是属于个体型的，建议你有意培养整体思考方式。比如在一幅错综复杂的图形中，观察整体构成一个什么样的图形。如果你是属于群体型的，应多观察事物的细节。通过这种有目的的训练，将成为既能眼观六路、耳听八方，又能抓住关键、一目了然地观察事物的混合型人才。

★学会用多种感官，进行分清主次的观察。

要使观察的结果完整而深刻，不仅要用眼看，用耳听，还要充分利用嗅觉、味觉和触觉，应动员我们的一切感官都加入观察的行列。比如，观察植物时，看看植物的形状，花的颜色，闻闻花的气味，利用多种感官，认识物体的色、香、味、形，才能对事物有一个比较全面的认识。不然就会像"盲人摸象"的寓言里描写的那样，以部分代替了整体，得到错误的结论。

观察时，我们还应该分清主次，抓住最能体现观察要求的地方，和观察对象特征的地方。

观察某一事物时，应从不同的角度去观察，尽可能多地记住完整物体不同部分的特征，反复观察与思考，直到"心中的形象"与"眼里的形象"完全吻合为止。

【提示】 观察要有目的，按计划进行，学会观察的方法，形成良好的观察习惯。

增强记忆力

在整个学习中，记忆是非常重要的，假若没有这个"仓库"，我们大脑如一页白纸，学习时什么也提取不出来，怎么会有好成绩呢？

★"自言自语"有强化记忆的作用我们经常看到幼儿园的幼童，一个人自言自语玩得很起劲。老年人为了一件事，常常反反复复自言自语地说，有时我们称他们"唠叨"，岂不知，这是一种防止遗忘的方法。

孩童不断将自己所想的事物化为语言，然后将这些语言转化为行动。小学生记忆某件事情时，也可以采取这一方法。

★用手和嘴、耳帮助记忆

记忆方法是因人而异的，有的人擅长看（视觉型），有的人擅长听（听觉型），有的人擅长用嘴和手（运动型）等等。但比较常见的是混合型的记忆方法。

1. 以眼看来记忆，比用耳听来记忆的较为容易。

2. 眼和耳同时使用,或眼和耳再加上手同时使用时,则更为容易记忆。

记忆时几种感觉器官并用效果最好。

如我们学英语时,首先听录音,然后试着大声读,然后再用笔写,执笔的手部运动也能够成为记忆的一种线索。例如,你对单词的拼法没有把握,拿不准到底是 e 还是 a,提起笔来写写,往往就能迎刃而解。

做到所谓三到(眼到、口到、手到),就可发挥比只看高出 3 倍的效率来。

★意义记忆

许多知识,由于远离我们的实际生活,记忆起来较困难。对这类知识理解后再记忆要比机械记忆效果好。

那么如何使无意义的材料变成有意义的呢?

1. 难懂的概念及复杂的现象改用自己熟悉的语言来表达就容易记忆。

比如物理学中"有关固体之角动量不变的法则",教科书中这样说明:"固体能够旋转,但液体则除非粘性相当大,不能如固体那样旋转。"但如果用我们熟悉的表示法说:"煮熟的蛋在桌上,可竖立起来摆动,但生蛋却不能竖立起来转动。"就比较容易记住。

2. 历史事件的"连接词"有助于我们记忆其时间顺序关系和因果关系。

学历史,最重要的是弄清历史事件"是什么"、"怎么样"、"为什么"等关系。记忆历史事件时,抓住这些连接词,有助于我们记忆。同样,在背课文时,连接词的记忆有助于对整篇课文的记忆。

3. 把许多事物拼凑在一起,编入熟悉的故事中,有助于记忆。

这种方法是将单词或许多琐碎的事项拼凑在一起,编成一个有趣的故事,以帮助记忆。例如记英文单词 man 和 pencil 时,在大脑中同现出一个大男人正在拿着一只铅笔画画。

★记忆后睡眠,能扎实记忆

心理学研究表明:用功后可以用睡眠来阻止记忆的减少及消失。原因是,你醒着时,许多外界刺激干扰了你的记忆效果。学习后就熟睡,可避免这样或那样的杂念干扰,记忆会扎实。美国博士杰金斯等的实验证明,学习后马上入睡,睡 8 小时后,学习的内容记住 56%;而一直不睡着，只能记住9%。由此可见，如果考试当天起得太早，或通宵开夜车，对记忆的保持是多么不利！

【提示】 各种器官并用，利于记忆。

将材料变成意义材料（用身体各部位代表各个事物、联系熟悉的情景、编成有趣的故事等）有助于记忆。

充足的睡眠是有效记忆的前提。

插上想象的翅膀

想象是人们的天性，也是有助于学习的非常重要的心理品质。

想象非常重要，我们所喜爱的卡通片都是借助想象才编绘出来的。要想使你的作文写得生动，使你画的图画惊人，那就展开你想象的翅膀吧！

想象是有条件的：

1. 对动、植物有偏爱。
2. 热衷于对自然现象的探求。
3. 喜欢动手画画，制造小模型。
4. 喜欢有意识地想象。

那么，我们如何培养自己的想象力呢？

★要进行有"目的"的想象

想象并不等于胡思乱想，而是有目的、有方向的。

为了进行有目的的想象，可让自己去做一些比较感兴趣的事情。比如猜谜语，说些歇后语，做智力游戏，从这些有趣的事情中引发自己的想象。

★学会想象的方法

在一次课堂上，老师出了一个题，让学生们写出世界上最大的是什么！有的学生写"天最大"，有的学生写"地最大"，有的小学生写"宇宙"最大。有的小朋友写出"想象力"最大。因为你无论说什么东西，总有比它大的，但人的想象力是无限的，它可以超越时空，跨越宇宙。那么，如此广阔的想象，是否有方法可循呢？答案是肯定的。下面概括介绍几种。

1. 运用联想。

通过对比、类似、接近、继起、因果等联想方式进行想象。

2. 运用粘合法。

把几种有特点的物体或现象粘合起来,想象出一种新形象。如把美女和鱼组合起来成为童话中善良的美人鱼。有位诗人把"钓"和"影"粘合,实的动作和虚的物粘合,想象出一首形象诗句:

……

钓着了风筝,

钓着了眼睛,

钓着了山峰,

……

3. 仿生法。

将生物的某些特征用于我们的想象中。比如,从鸟会飞联想到飞机,由猴想象创造出孙悟空的形象,由猪想象出猪八戒的形象等。

4. 典型化。

对一类事物进行概括,就意味着典型化。如我们把男人、女人、老人、小孩儿等概括出"人"这个概念。把电线杆,直尺,笔杆,抽象为直线等。

除此之外,还有许多想象的方法,诸如联合法,实验法,改变形态法等,这里就不再一一举例。

★从情景中产生想象

好奇是人的天性,也是想象的前提。从实际的情景中,可激发我们的好奇心和求知欲,从而可进行丰富的想象。

1. 故事是想象的一个源头。

从小我们差不多个个都是"故事迷"。常常与故事中的人物、情节一起喜、怒、哀、乐。我们听故事,读故事,有时自己还给别人讲故事。故事,的确是引导我们想象的启蒙老师。所以,我们在选择读或听故事的时候,首要的是语言优美、词汇丰富、生动。特别在听或读故事时,在故事情节发展的关键地方停住,让自己推测一下结果如何?与实际发展有什么不同等。这样对照进行,可以知道我们该怎样想象才是正确的。

2. 在游戏中想象。

游戏的方式是多种多样的，游戏可以发展我们的想象力。

【提示】 想象要有目的，要讲究方法。游戏、故事是产生想象的重要基地。

训练自己的思维

常常听到家长和老师评价我们，说有的聪明、反应快；有的反应迟钝，问题稍一变形，就不会解；有的语言表达不清，东一句，西一句，没有条理；而有的说话、讲故事都井井有条等。这些都是对我们思维水平高低的评价。

良好的思维水平的标志是：

1. 思考问题从多方面考虑；
2. 思考时，看到事物间的内部联系；
3. 善于独立思考，不人云亦云；
4. 思考速度快；
5. 思考方法独特。

那么，我们该如何形成良好的思维习惯呢？

★如何进行有条理的思维

有这样一则笑话。初学英语的一位学生，课堂上，老师问他："What is your name?（你叫什么?）"他回答："No（不）."老师又接着问："Your name is no?（你的名字叫"不"）"他回答道："Yes（是）。"结果引得全班哄堂大笑。可见思维有条理的前提是对知识的理解。

因此，我们想做到思考有条理，必须多问自己几个为什么；还要善于发现事物间的前后顺序。比如"冬天和雪，燕子什么时候南飞？""梯形、平行四边形、正方形之间存在什么关系？"学习古诗时也要分析其中内涵的道理和事物间的关系。比如古诗"远看成岭侧成峰，高低远近各不同，不识庐山真面目，只缘身在此山中。"就描写从不同角度看到庐山不同的景象，原因是作者身在此山的缘故。其中也隐含着这样一个道理,"当局者迷、旁观者清"。

★学会思考的方法

思考的方法是多种多样的,但由于我们的思维水平大都处于直观形象阶段,应学些适合我们年龄特征的方法。

1. *抽象与概括*

抽象与概括是对一类事物进行分析,总结出主要特征的一种方法。

小学里,低中年级的学生进行的抽象和概括一般都是借助于实物和直观形象而进行的。

我们在开始学数字时,是在认识具体实物(如苹果、糖块、小竹棍)数量(一个苹果、二块糖,三根小竹棍)的基础上,逐渐撇开实物,抽象出数字:"1,2,3,4……"的,同时也弄明白这"1,2,3,4……"是代表事物数量多少的符号。这就是直观的抽象、概括。

到了高年级,语言水平有了一定发展,能理解文字、符号的意义,这时,要借助于这些文字、符号、图像,帮助我们进行抽象概括。比如在几何中学习"角"的概念时,就要分析组成"角"的各种特征,将非本质特征——形状、位置、角度等与本质特征——端点、射线区别开,并把本质特征抽取出来,这就是抽象过程,然后把抽出的本质特征联系起来,得出"角"的概念:"角是由一个端点引出的两条射线所组成的平面。"这就是概括过程。通过这种方式进行训练,就可以提高我们的抽象、概括水平。

2. *学会分类*

分类也是一种非常重要的思维方法。把具有某些相同特征的事物归成一类。这样有助于我们从整体上掌握某一类事物。

分类时,要明确不同的分类标准,分的类是不同的。如三角形,如果按边是否相等可分为:

$$\text{三角形} \begin{cases} \text{不等边三角形} \\ \text{等腰三角形} \begin{cases} \text{等腰三角形} \\ \text{等边三角形} \end{cases} \end{cases}$$

如果按角的大小可分为:

$$\text{三角形} \begin{cases} \text{钝角三角形} \\ \text{直角三角形} \\ \text{锐角三角形} \end{cases}$$

由此可见，分类标准是前提。

确定分类的标准后，就开始对事物进行分类。尽量把每一类的事物都想全，如把昆虫按会飞与不会飞来分，那么会飞的昆虫这一类中就包括苍蝇、螳螂、蜜蜂、蜻蜓、飞蚂蚁，还有蝉、蚂蚱……。当然，分类中能否想得全面，与我们的知识水平有关。我们应当在自己已有知识的基础上，充分发挥自己的想象力。

3. 归纳和类比

小高斯在计算老师出的题"$1+2+3+\cdots+98+99+100=?$"时，是采用了归纳法，他是这样进行的：

$$
\left.\begin{aligned}
1+100 &= 101 \\
2+99 &= 101 \\
3+98 &= 101 \\
&\vdots \\
49+52 &= 101 \\
50+51 &= 101
\end{aligned}\right\} \text{共 50 项}
$$

$$101 \times 50 = 5050$$

采用这种归纳法，使问题很容易得以解决。

归纳时要抓住事物的关键。例如从男人、女人、成年人、儿童、白人、黑人中归纳他们都属于人，从汽车、火车、自行车、摩托车、三轮车等归纳出"车"的概念。这些都是用了归纳的方法。

类比是由一事物的某些特征而联想到另一事物，并进行比较。比如鸟与飞机，它们都会飞，由三角形到四边形，由直线想到平面等，类比是通向创造发明的一条重要途径。许多发明和创造都是通过类比而实现的。

比如，20世纪60年代才发展起来的仿生学，就是建立在类比推理的基础上。飞机、潜水艇的发明，就是从鸟的飞翔、鱼的浮沉，经过类比联想，触类旁通而获得的。

如果我们善于应用类比和归纳，也可能会成为21世纪的发明创造人才。

此外，分析与综合，演绎与推理也是重要的思维方法，这里就不再多说。

★如何进行整体思维

思考一个概念，要联系其他概念。做一道数学题，要考虑它与其他知识的联系，以及其他解法，还应当把题变换一下类型，探求其解法。也就是把所学的东西，联成网，学会用整体的方法进行思维。

学习一篇文章，要找到关键词、中心意思。文章的标题对文章的总体起到"画龙点睛"的作用，千万不要忽视对标题的理解。

再比如，数学学了一章一节之后，找出该章、该节的所有公式、性质和定理，然后把这些公式、性质等联系起来，找出主要的或关键的地方。

作文提纲和缩写，都是训练整体思维的方法，我们经过思维加工，把所要表达的意思用纲目或简短的语句表示出来，这实际上是在锻炼你驾驭整篇文章所要表达的意思的能力。

★学会推理

推理是依据已知的条件，经过思维的加工，推导出结论的过程。

比如晴晴比闹闹大，闹闹比明明大，那么我们可以得出晴晴比明明大，这就是推理。

推理方式是多种多样的，下面简单介绍几种：

1. 借助包含关系图来判断。

比如A圆比B圆大，B圆比C圆大，那么A圆比C圆大。我们可以借助图形判断

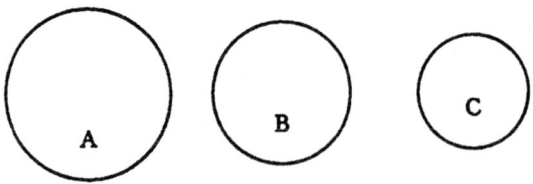

前面我们说过的晴晴、闹闹、明明小朋友年龄比就属于这种类型。

有时，也可以用下面图形表示。所有的C都是B，所有的B都是A。那么A、B、C的关系就如下图所示。它们之间存在着包含的关系。

像这种关系还可以举出许多例子来。比如小灰兔、兔和动物之间就存在这种关系。

打开你的智慧大门

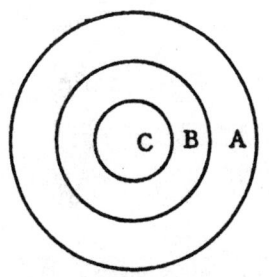

2. 借助于交叉关系图来推理。

如果是青年、中国青年、学生这三者,那么其关系如何表示呢?我们知道有些学生是青年,有些学生是少年和成年;有些学生是中国人;有些是外国人;所有的中国青年都是青年。根据这个关系,我们可以得出如下关系图。

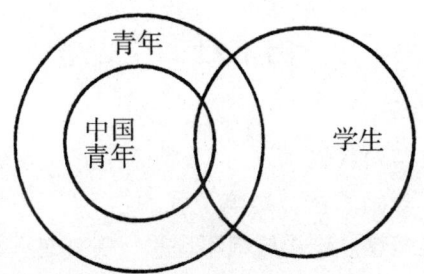

3. 找错也是一种思维推理的方法。

《悲惨世界》的作者,法国大作家维克多·雨果有一次出国旅行,到了某国边境。宪兵要检查登记,就问他:

"姓名?"

"雨果。"

"干什么的?"

"写东西的。"

"以什么谋生?"

"笔杆子。"

于是,宪兵在登记簿上写道:"姓名:雨果。职业:笔杆贩子。"

请你判断一下这个论断是否正确?错误在何处?

显然,以上判断是错误的。宪兵的思维过程是这样的:

以笔杆谋生的是笔杆贩子；雨果是以笔杆子谋生的；
所以，雨果是笔杆贩子。

宪兵的思维错误在于对"以笔杆子谋生"理解的不全面。这句话有两种理解：一是指"生产或贩卖笔杆子"，一是指"用笔杆子创作文学作品而取得稿酬"。而宪兵用第一种理解来说明雨果的职业，显然不合雨果的情况。

平时，我们要善于留心报纸、杂志上许多有趣的，不合逻辑的错误例子。分析论证中的缺点和漏洞，则不用很久，我们的思维逻辑性会明显增强，推理能力也会提高。

【提示】 思维要有条理，还要有方法。要学会整体思维，练习些简单的推捻。这样，我们的思维水平才会提高。

有个好情绪

有时，我们常常对其他人说，"我情绪不好，什么也不想干。""这段时间，由于和同学闹别扭，影响了我的学习"，"考试时，由于压力太大，而产生焦虑情绪。结果成绩不理想"等。这些说明，情绪与学习有很大的关系。

那么，情绪到底包括哪些内容？我们都知道情绪包括"喜怒哀乐爱惧恨"，而这些情绪又分为积极情绪和消极情绪。为了进一步说明问题，我们可以将其具体分为自信型、热情型和抑郁型。

1. 自信的学习方法

在解决问题和做事时，经常说："我行，我能完成。"这是一种自信的表示。自信是一种积极的情绪，是相信自己的能力，别人能干的事，自己也能办到。只有自信，才会有勇气和毅力克服学习中的种种困难；只有自信，才能充分发挥自己的聪明才智。

★以名人为榜样，树立自信

名人是我们心目中的榜样，他们的成长无不凝聚着自信的力量。喜剧大师卓别林本来是个孤儿，还当过流浪汉，并没有特别的天份。之所以取得那么大的成就，是因为他有坚强的自信心。正如他自己所言：

"当我在孤儿学校的时候,以及后来流落街头谋生和险些丧命的时候,我都思考着自己该怎样才能成为世界上最伟大的演员。当时必须有那种幸福感。没有它,我早就完啦!"可见,名人的自信是值得效仿的。

★不要过分注重成绩的高低

成绩只是反映我们在智力方面的水平,它并不能说明什么。许多著名科学家,他们中小学时期,成绩并非优秀。所以,光凭成绩高低来评价自己的水平是不公正的,不客观的。再者,成绩只能代表过去,决不能说明将来,不要因成绩不佳而对自己失去信心。俗话说:失败是成功之母。成功者都是在失败的地方站起来的。如果从考试中发现自己的知与不知,能与不能,恰当评价自己的水平,相信自己能学好,这才是一种正确对待成绩的态度。

★相信自己的能力和潜力

肯定自己的长处。比如在许多科目中,不也有比较好的一门或几门吗?可能在音乐方面有天赋,也可能有美术天才,也可能是位体育健将,或许书法还可以,也许我还会摄影。说不定,我还能言善辩呢……这些都是我们的长处,虽然考试成绩不理想,但卷子上不也有许多正确的答案么?这说明我们并非一无所知,而是能学好许多知识的。我们应看到自己的长处,及时地挖掘出来,切不可忽视这些,从点滴处,可增强我们的自信。

【提示】 自信是成功的第一秘诀。它的获得,最重要一点是相信自己的能力,不要太注重考试成绩,要注重培养自己的实际能力。学名人也是树自信的一种方法。

2. 热情型的学习方法

热情是强有力、稳定而深刻的情绪状态。热情能使人长久地、坚持不懈地完成艰巨的任务。积极的热情对学习是很重要的。正如巴甫洛夫在给青年们的一封信中说:"科学要求人们非常紧张地工作,并且有高度的热情。希望你们热情地工作,热情地探讨。"他讲得是科学研究,对我们学生来说,无疑也是正确的。

★热情来源于对事物的兴趣

当一个人对一件事、一项活动感兴趣时,他会废寝忘食,生气勃勃地、充满热情地去研究它、攻克它,"焚膏油以继晷,恒兀兀以穷年",

丝毫不觉辛苦；而某人对某事物缺乏兴趣，则把它看成一种负担，更谈不上对它有什么热情而言。

对不感兴趣的事物，可以改变成有兴趣的。比如对数学不感兴趣，可能是因为没打好基础，也可能没有明确学习数学的用处和意义，如果听老师讲大数学家的故事，或偶尔有一次数学成绩100分，可能改变我们对数学的看法，变厌恶为喜欢。所以，事情并不是一成不变的。

★热情还要结合科学的学习方法

热情高涨，但学习方法不当，也不会有良好的学习效果。有时这种热情会适得其反，产生负效应。

比如，在分数的压力下，我们虽有热情学习，但由于只是机械做题，盲目反复抄多少遍字等，反而起不到什么效果。

【提示】 热情是一种良好的情绪状态，但只有对事物产生兴趣，才会有热情，热情要结合科学的学习方法进行。

3. 抑郁型的学习方法

抑郁型的特征是：注意力不集中，整天郁郁寡欢，多愁善感，做事不努力，害怕困难，常常自暴自弃。

抑郁情绪是一种消极情绪。如果我们属抑郁型的，常常会心神不定，学习效率低。由于思虑重，常常是身体不佳。而且我们的学习成绩大多处于下等，那么如何克服这种不良情绪呢？

★情感转移法

"感时花溅泪，恨别鸟惊心"，是一种以物托情的表达方式。物可以寄情，物也可以移情。当我们心情不好时，可以借它物来转移这种情绪。想想其他高兴的事，想想一次有纪念意义的旅行，或读些其他的书籍，转移自己的注意力。

★要会正确地评价自己

有时我们常常会因为一次失败的体验，就认为"自己什么都不行"，甚至把自己发生的一切不顺心的事情，包括别人干的，都归于自己。我们往往是戴有色眼镜来看待事物，只看到消极部分。用放大镜看待自己的缺点，同时又缩小了对自己力量的估计，不能正确地评价自己。

面对这种情况，我们应该学会自我解脱。要知道，干任何事情都不是一帆风顺的，失败是成功之母，关键是从失败中汲取教训，不要因遭小挫折而影响整个人生。从平时的点滴事情中，树立自信，获得一种成就感，全面、正确认识自己。

抑郁型是一种不良的情绪，通过情感转移法克服它。更重要的是我们应该正确地认识自己。

【提示】　人都有七情六欲。从大的方面来分，可分为积极情绪和消极情绪。

积极情绪：自信、热情

消极情绪：自卑、抑郁

积极情绪推动我们的学习，消极情绪使学习止步不前，甚至后退。我们要化消极情绪为积极情绪。

炼就坚强的意志

有时我们在学习过程中，一会儿学这，一会儿学那，天天忙忙碌碌，却不见成效，这是没有目的性，学习无计划的表现。

有时我们在做事前，前怕狼，后怕虎，顾虑重重，犹豫不决，这是行为缺乏果断性的表现。

有时我们自制力差，上课经常开小差，学习时精力无法集中。再如我们虽然制订计划但不执行，或一遇到困难就退缩，这是缺乏行为持久性的表现。

以上的行为的目的性、果断性、自制性、坚韧性等都是意志品质的体现。

要想学习好，必须培养起良好的意志品质！

★从点滴小事上培养

有些同学虽然意志不够坚强，但又不肯从小事做起。以为一节课，一次作业，无多大关系，这些与意志无关。岂不知，就是从这小小的一堂课，一次作业，滋长了意志薄弱，最后才导致学习上的"全线崩溃"。

反之，学习上意志坚强的人，必定认真对待每一堂课，每一次作业，积小胜为大胜，获得学习上的成功。"不积跬步，无以至千里，不积小流，无以成江海。"这是中国古代学者在学习上的经验之谈。

遇到难题而久久不能解决，你是否把它放弃？上课时产生了烦恼，你是否昏昏欲睡？做作业时外界干扰，你是否不再坚持下去？一场电影在诱惑，你是否甘愿放弃晚自习？如果你是这样的话，就应当坚决改变。平时每一件小事都在考验着我们的意志，需要我们从点滴做起。

★学习时要制定出目的和计划

对每章、每节的学习，我们都要制定出学习的目的和计划。且要经常检查和监督。对日常生活许多小事，也要有计划和目的。比如，为了培养自理能力，要坚持自己洗衣服，打扫自己的房间等，日积月累，就会养成干事有目的性的习惯。

★培养分辨是非的能力

因为我们意志的自觉性还不强，所以很容易受外界的影响。又由于不能分辨是非，常常不加选择地模仿他人的行为。比如电视、电影中反面人物的动作、语言，日常生活中许多低级下流的东西，我们应以家长和老师的评判中，分辨这些事情的好与坏，积极阻止不良行为的发生。

★适当接受些挫折教育是必需的

学习中的"失败"，谁也不能避免。关键是如何面对失败。

当我们遇到困难和挫折时，要多多分析其原因，看看用什么办法才能克服困难。不能动不动就求助于家长和老师，请求他们的帮助和呵护。这样容易使自己的意志品质在不断地被"软化"，无法经受住暴风雨的袭击。

平时经常会出现这样一种现象。以往始终成绩平平的同学有朝一日会名列榜首，相反，成绩好的同学会名落孙山。原因是多方面的，但有一点不可忽视。这就是，能够充分发挥自己潜力的人，往往是平时失败比别人多的人。

这并不是鼓励我们去尝试失败的痛苦。而是从平常失败的积累中，逐渐变成训练控制自己情感的经验，产生出一种抗挫折能力，在考试时就不怯场、不紧张，不容易犯意料之外的错误。如果我们始终成绩好而失败较少，没有经过这种"耐性"的磨炼，很可能细微的刺激都会扰乱我们的情绪。所以，我们不要像娇生惯养的"小皇帝"那样，不能适宜地控制自己的感情和情绪。

打开你的智慧大门

★学习时要一心一意

有的同学学习时，经常是削削铅笔，捅捅这个，摸摸那个，总不能集中精力去学习。有时慑于家长的威严，在那里靠时间，其实对学习不感兴趣。

为了养成一心一意学习的习惯，可适当缩短学习时间，要求在一定时间内完成哪些作业。做完后，就可以痛痛快快地玩。不能以学习时间的长短来判断学习质量。如果常常在那里靠时间，容易在学习中形成一种惰性，一遇到困难就止步不前。

除此之外，学习时，不要干别的（比如听音乐，看电视等）。否则，容易导致"一心二意"。

★形成良好的学习习惯

我们意志水平的高低往往取决于是否有良好的学习习惯，独立思考、持之以恒、锲而不舍、循序渐进等都是些良好的学习习惯。而一曝十寒、半途而废、虎头蛇尾、知难而退等，都是些不良的学习习惯。

【提示】　意志是可以培养的，通过点滴小事、挫折教育来磨炼意志。良好的学习习惯，长久的注意力都是意志形成的一个方面。

三 家庭和课外的学习

怎样做家庭作业

【测试】
1. 你是否在做作业之前,先复习了老师在课堂上讲过的内容?
2. 在做作业的时候,你有没有认真地进行审题?
3. 你有没有认真地温习书上或是老师讲过的例题?
4. 你是否经常与同学讨论遇到的难题或是向师长请教?
5. 你是否独立完成作业?
6. 你会检查作业吗?
7. 你是否形成习惯,将做错的习题记下来,隔一段时间就拿出来分析一下?

如果以上问题你的回答有两个以上"否",请认真阅读本节内容。

先复习再做家庭作业

老师布置的家庭作业,是为了检查我们学过的知识,所以,当我们回到家里开始做作业的时候,最重要的事情就是先回想一下老师在课堂上讲过的内容。如果有些公式、定理还不明白,就应该打开书或笔记本,认真地重新学习一遍,看一看这些公式、定理究竟是怎么得出来的。把这些公式、定理搞清楚,再做起作业来,就一定是又快又好了。

认真做审题

在做作业的时候,我们要做好审题的工作,也就是说,要知道题目给出了什么条件,要求我们做什么,严格地按照题目的要求答题。

★作文的审题

1. 看图作文的审题

在做看图作文时,我们要仔细地察看图画,而且回答这样几个问题:

(1) 图片上的事情发生在什么时间?如果图片上画了太阳,那就表明是白天;如果有电灯正在发着光,那就可能是夜晚。

(2) 图片上的事情发生在什么地方?是在家里、在学校,还是在公园?

(3) 图片上的人物是什么关系?是师生、是父子,还是同学?

(4) 图片讲述了一件什么事情?如果图片是由几幅画面组成的,就要弄明白第一幅画面是什么样的,最后一幅又是什么样的,中间发生了什么变化?总的说来是个什么故事?

(5) 图片上发生的事情讲述了一个什么道理?除了要知道图片描绘的故事以外,我们还要尽量去弄清故事要讲述的道理。

2. 命题作文的审题要注意的几个问题

(1) 题目有没有时间的要求?例如《放学路上》就一定要写放学后发生的事情。

(2) 题目有没有地点的要求?还是以《放学路上》为例,地点只能是在路上,不是学校里,也不是家里。

(3) 题目要求写谁?如果作文题是《我的爸爸》,小朋友们一定知道是要写"爸爸",但是如果作文题变成了《我和爸爸》的话,就不能只写"爸爸"了,还要写"我",而且还要写"我和爸爸"之间发生的事情。

(4) 题目有没有特别的形容词?比如《美丽的校园》,就一定要写出校园的"美丽"来,重点要写校园的风景。

(5) 题目有没有特别的数量词?如《三个好朋友》就不能写成两个或一群好朋友,只能是三个。

★应用题的审题

例 三个少先队员共同植树,甲种了总数的$\frac{3}{10}$,乙与丙所种棵数的比是5:4,知道甲比乙少种8棵,三人各种多少棵?

以上面这道题为例,我们在审题时要注意:

1. 题目中有哪些已知条件？

已知条件有：

(1) 甲种了总数的 $\frac{3}{10}$；

(2) 乙与丙所种棵数的比是 5:4；

(3) 甲比乙少种 8 棵，也就是说，乙比甲多种 8 棵。

2. 题目中已知条件间有什么关系？

由题目中的已知条件可以知道，乙与丙植树的总数 $= 1 - \frac{3}{10} = \frac{7}{10}$；

又因为乙与丙植树棵数的比是 5:4，所以乙种了植树总数的 $\frac{7}{10} \times \frac{5}{9} = \frac{7}{18}$。

那么乙比甲多种了植树总数的 $\frac{7}{18} - \frac{3}{10} = \frac{4}{45}$，这就是已知条件间的一个关系，而且这个关系是解题的关键。

3. 题目中要得出什么结果？

题目中要求得出三个少先队员分别植了多少棵树。

明白了以上的这些问题，我们解起这道应用题来，可就容易多了。

"照猫画虎"

"照猫画虎"的意思是说，当我们画老虎感到很困难的时候，就去看一看和老虎长得很相像的猫是什么样的，这样就可以画老虎了。

老师在讲完了公式和定理后，一定会用公式和定理在黑板上做几道例题。可别小看了这些例题，因为这些例题往往是老师们花了许多心血为我们准备的。搞清楚了这些例题，我们也就弄懂了老师讲的公式和定理。

老师布置的家庭作业常常要用到这些公式和定理。因此，在做作业时，如果感到很难，就应该放下手上的作业，把书和笔记上的例题看一看，看看老师是怎样做例题的。把例题弄明白了，也就会做老师布置的作业了。

遇到难题怎么办

★回忆一下与习题有关的公式的定理，看看习题要求得出什么样的结果，这个结果与哪些公式和定理有关。例如做一道求距离的应用题，就要认真地想一想求距离的公式有哪些，和我们要做的习题是不是一样？如果不一样，那么还差哪些条件？题目里面有没有？

★尽量地使用图形

有些几何题往往需要画图才能解决，在画图时要注意：

1. 严格地根据题意作图，将图形画得准确一些，例如等腰三角形的腰长一定要画得相等，矩形的四个角一定要画成直角。

2. 把已知条件直接标在图上。例如已知条件里有正方形的边长，我们就要在图上注明它的长度。

画图可以使我们很容易就从图上看到已知条件，这样，解决问题就方便多了。

不仅做几何题可以画图，解应用题时也可以用图形表示已知条件。

★运用综合学过的知识解决"绕弯子"的习题

有的习题运用某一公式或定理无法得出结果，这个时候就要想一想，这道题除了要用这个公式或定理外，是不是还需要其他的知识从已知条件得到题目要求的结果。这些习题就是属于那种叫做"绕弯子"的题，做这种习题时，同学们应该在脑海里把所学的知识很快地像放电影一样过一遍，将与解题有关的知识找出来。

★休息一段时间再做

遇到难题时，人们往往很长时间还做不出来，这时也许有些头脑发胀了。可以将手上的习题暂时放一放，去休息一下，过一段时间再做，效果可能更好，也许在休息时突然有了灵感，找到了解题的方法。

★和邻近的同学讨论或向父母请教

经过独立思考，仍然无法解决，也可以找到住在附近的同学，和他一起讨论一下这道题。也许经过讨论，你会受到启发，能够找到解题的方法。或者把这道习题拿到爸爸妈妈面前，让他们帮你找到解题的途径。不论是和同学讨论还是向爸爸妈妈求教，你都应该记住，不能让他们把答案直接告诉你。

★检查一下做的题有没有错误

如果经过以上方法,你仍然做不出习题,就应该检查一下,是不是抄错题了?是不是习题集出现了印刷错误?要是出现了这些错误,请尽快改正,重新解题。

先做比较容易的作业

既然我们遇到难题会这么麻烦,那么做作业时,还是从比较容易的开始比较适宜。否则,我们在难题上耽误了太多时间,就没有时间用来做容易的题了。

当然,做作业时,我们也可以从比较喜欢的科目开始。

一定要独立完成作业

家庭作业只有独立完成,我们才能真正地学会知识。任何知识,只有经过自己的思考,才会深深地印在我们的脑海里。

卓娅和舒拉是姐弟俩,他们小的时候,有一次一起做作业,舒拉先做完了,卓娅还在桌上写呀算呀。舒拉对姐姐说:"我来算给你看吧!"卓娅说:"不行,我自己再想想!"半个小时快过去了,舒拉在一旁等得着急了,便说:"我出去了,答案在这里,你看看吧。"可卓娅连头也没回,继续做她自己的,过了好长一段时间,她才做完作业。舒拉的答案就在她手边,可她一个字也没看。卓娅长大以后,成了一名女英雄。

我们一定要向卓娅姐姐学习,自己的作业自己来做,绝不偷懒。

学会检查作业

作业做完以后,我们一定要认真检查,看看自己做得到底对不对。那么,检查作业有些什么方法呢?

★逐步检查法。检查自己的题目抄对了没有,审题对不对,列的算式有没有错误,计算的结果是不是正确。

★代入法。通常用于检查应用题。将自己得出的结果代入已知条件里，看看这个结果是不是满足所有的已知条件。如果答案和其他的条件不一致，那就是我们做错了。

★逆推法。从最后一步开始检查，加法用减法验算，乘法用除法验算，看看能不能得出最开始的已知条件。

不搞"题海战术"

有的小朋友往往做完了教科书上的习题，还要买许多另外的习题集来做。这样做的结果是，不但没有时间休息和做游戏，而且也没有多大的效果。

★做题应该以基本题为主。就好像是盖房子一样，只有打好了基础，上面的房子才能盖得好。我们只有在做基本题的时候弄清楚了有关的公式和定理，才能去做一些更有难度的习题。所以，见题就做是不行的。

★做综合题时，每种类型的综合题只需要做一至两题，应该把更多的时间用来想一想，这些综合题里面考了我哪些公式和定理，下次遇到它们时我应该怎么做。

★把做错的题目记下来，隔一段时间就拿出来看一看，想一想，我为什么做错了？错在哪个地方？下次再遇到这种题目时我怎样不再犯同样的错误。

只要做到了上面三条，同学们就不必到处找习题集去拼命地做了，即使是做习题的话，也会更有目的。这样，我们花的时间并不多，但效果却更大了。

【提示】

★先复习再做家庭作业；

★认真看清题目的要求；

★想一想老师是怎样做例题的；

★先从比较容易的作业做起；

★用单独的练习本把做错的习题记下来。

在家里为学习做好准备

【测试】
1. 你有一间单独的学习室,或是一个安静的学习角落吗?
2. 你是否经常整理各种学习用具,清理学习室?
3. 你是否制定了学习计划,规定了每天起床、睡觉、学习和游戏的时间?
4. 新学期开始时,你是否感到精神振奋?
5. 新学期开始时,你是否准备好了各种学习用品和参考书?
6. 你是否经常在上课时才发现老师布置的家庭作业没有做完?
7. 你是否经常在上课时才发现这节课所要求的学习工具没有带来,如劳技课忘了带手工剪刀?
8. 你是否经常因起床较晚而来不及吃早餐就上学了?

如你对第1—5个问题的回答有两个以上"否",或对第6—8个问题的回答有两个以上"是",请认真阅读本节内容。

学会布置家庭学习环境

★学习室的布置

有单独一间房屋作为学习室是非常理想的。单独的学习室可以避开他人的干扰,最重要的是使小朋友们养成独立学习的习惯。

学习室的布置要注意以下几点:

1. 最好是朝东的房间,冬暖夏凉,光线充足。书桌最好放在北侧,因为北侧的光线变化较小。书桌最好靠着墙壁,使坐在书桌前的人看不到窗外的风景。椅子最好是面向墙壁背对门。书桌和椅子的位置都应该避开出入的地方,以免受到干扰。

2. 根据自己的年龄和身高选择合适的书桌。书桌最好能宽一些,漆成淡蓝或者淡绿色。书桌有一个小角度的斜面最好,写字时手臂会感到舒适一些。

3. 书桌上应安上一个 15 至 20 瓦的荧光灯，注意保持荧光灯管的清洁，或者使用可以调节亮度的 60 瓦左右的白炽灯。总之，要保证有足够的光线用于学习。

4. 经常清理各种学习用具，整理书桌。把各种各样的玩具从书桌上拿到看不到的地方放好，使书桌显得简洁明快。把各种各样的学习用具分门别类地放进文具盒，不要散乱地放在书桌上，以节省空间，方便自己寻找。

5. 为了养成珍惜时间的习惯，应该把小闹钟放在书桌的左上角，时刻提醒我们不要浪费时间。

6. 有条件的话。可以让家长买一个或者做一个小书架，放在书桌的旁边。书架上放几本必备的学习工具书，如《新华字典》、《现代汉语词典》、《英汉小词典》、《中国少年儿童百科全书》等等，便于随时查阅。

★将公共房间中的一个部分作为学习的地方

不是每个小朋友都有自己独立的学习室，大多数小朋友是将家中的客厅、卧室作为学习的地方。这种情况下，布置时可参照单独的学习室，同时还应该注意：

1. 把书桌和椅子安排在角落里，或者是房间里家人出入比较少的地方，不要将桌椅布置在门边、通道上。

2. 用屏风或者帘子将自己学习的"小天地"与房间的其他部分隔开，便于集中精力学习。

3. 尽量把房间的电视机等电器移到别的房间，以免受到电视节目或广播节目的干扰，保持清静的学习环境。

学会制定学习计划

小朋友们，在你们开始学习时，你们制定了学习计划吗？你每天起床、睡觉的时间都有安排吗？你是否有固定的学习和看电视、做游戏的时间？如果你还没有，那就太糟糕了，因为没有计划，学习也就没有目标。制定一个学习计划可以帮助我们安排好学习和娱乐的时间，检查学习任务是否完成。学习计划就像跑道上的终点一样，激励着我们奋勇向前，去争取最后的胜利。

★制定学习计划的注意事项

1. 计划应该适合自己的情况。如果计划定得超过了我们的能力，其结果就像俗话说的"一口吃个大胖子"，不但计划完不成，我们自己也早早就灰心丧气了。因此，制订学习计划时，必须想一想，这个计划是不是经过一番努力就能实现？如果不是，就应该把目标降低一点，使我们易于达到。

2. 计划应该比较灵活。有个同学说他定了不少计划，但总是不能坚持下去。原来，他的计划订得太呆板了，计划里规定他每天必须学满几个小时，必须做完多少道题，必须在什么时候上床睡觉。结果，他在参加完运动会后继续疲劳不堪地做数学题，两个眼皮直打架，非要等到了时间才睡觉。很快，他就对计划感到厌烦了，最后计划也就不了了之了。所以，我们应尽量使计划具有一定的灵活性。不要成为呆板计划的奴隶。当然，计划一旦订立，就不应该轻易变动，否则计划也就成了一纸空文，但只要我们坚持大的学习目标不变，适当地灵活变动一下还是允许的。

3. 计划应该突出重点。许多小朋友在制定学习计划时往往在各个科目上平均分配时间，其实这种做法是不科学的。正确的做法应该是找出自己不擅长的科目，用较多的时间加以巩固。这就像我们用手去折断一把筷子，如果一把筷子一起折，肯定很难折断，而一根一根地折就很容易折断了。学习上的道理也是这样。

★学科计划的制定

1. 找出上学期的成绩单，看看自己各个科目的成绩，分析一下，自己在哪些科目上比较擅长，在哪些科目上要弱一些，差一些。

2. 看看自己较差的科目在班上同学中的名次排在多少位，好好想一想，如果自己努力地去学习这门课的话，最有可能使自己的名次升到多少位。把这个名次作为自己的学习目标。

3. 拿出上学期的作业本和试卷，还有教科书，看看自己在平时作业和考试中犯过哪些错误，和课本上的哪些内容有关系。把这些地方都记下来。

4. 翻一翻本学期这门课的教科书，看看它有哪些内容，是简单还是容易，和过去的知识有没有什么联系。

5. 仔细回想一下自己每天的时间安排,在学校学习多少小时,睡眠多少小时,看看自己除了做每天的作业外,还剩多少时间,这些时间一般在什么时候。把这些剩下的时间固定下来,作为补习这门课的专门时间。

6. 询问一下老师,这门课有些什么参考书,哪几本比较好,把它们买回来,看看它们的难度怎么样,估计一下自己需要多长时间能够把它学完。

7. 把所要温习的旧知识和要学习的该门课程的新内容全部列出来,制定科目学习计划,可按照自己原来估计的时间,以天为单位,确定每天需要学习的内容。把每天要完成的学习任务记下来,如×月×日,看哪本书的第几页到第几页,做哪本参考书的第多少道题到多少道题。一天一天地往下排,直到所有的内容全部安排了为止。

8. 在制定科目计划时,由于时间拉得很长,小朋友们应该适当地放宽一点,使计划具有灵活性,而且周六周日的时间应该适当地多空出来些。

★每天学习计划的制定

1. 调查一下自己每天花多长时间吃饭、睡觉、运动、游戏、看电视,这些活动通常在什么时间,看看自己把学习时间安排在什么时候比较合适。最好是将学习时间固定下来,养成好的学习习惯。

2. 制定一个作息时间表,在专门的时间里做作业,用专门的时间预习、复习,补习较差的科目,阅读课外读物。到了相应的时间,就做作息时间表上规定的事情,绝不拖拖拉拉。

可以将作息时间表粘在书桌的左上角或者床头,时时提醒自己应遵守作息时间,形成良好的学习习惯。

作息时间表是每天学习计划的具体形式,应该严格执行。

3. 仿照以下的格式做一张功课表,把每天老师布置的作业分科目记在功课表上,做完一个划掉一个;把每天自己要补习的内容也记在功课表上,如看多少书,做多少课外习题等等,也是完成一项划掉一项。为了使同学们便于理解,我们仍然按照一位小朋友所要完成的功课填写了该表,希望小朋友们学会举一反三。

时间＼功课	语文	数学	外语	数学的补习内容
×月×日	1. 写作文《我和我的爸爸》； 2. 预习第二十一课。	做练习题第 25 页第 1-4 题。	1. 抄写生词三遍； 2. 背诵第九课第一段。	1. 复习《混合运算》第一节； 2. 做《小学生数学习题集》第 75 页第 25－30 题
×月×日	……	……	……	……

做好新学期的准备工作

经过漫长的寒暑假，在新学期到来时，我们往往都按捺不住自己的兴奋心情，焦急地渴望着和同学们见面，坐在宽敞明亮的教室里，等待着老师给我们上课。

但是，小朋友们，不知想过没有，你们为新的学期做好准备了吗？

★人们都有这种感觉，到了一个新的地方以后，我们的心情通常都会好起来，我们似乎又有了新的动力。那么，当新学期开始，我们即将开始新的学习的时候，让我们在心里为自己加油吧！把过去的烦恼和失败通通都忘掉，我们要鼓足勇气，努力取得更好的成绩。

★新学期开始了，千万不要忘了制定学习计划。前面我们已经学会了怎么制定学年计划、每周计划和每天计划，当然计划定得再好，也必须由我们去执行，否则的话，计划成了一张废纸。除了学习计划以外，我们还可以制定本学期的锻炼计划、阅读计划，等等。

★除了从精神上做好准备以外，我们还应准备好必备的学习用具。如果书包用坏了，就应该在开学前买个新的。检查一下文具盒里的文具是否齐全，如钢笔、铅笔、米尺、三角尺、橡皮、圆规、涂改液、卷笔刀，等等。查看一下家里书桌上的墨水瓶里是否还有墨水，书桌的抽屉里准备了透明胶、胶水、手工剪刀或裁纸刀了吗？如果没有，就应该趁还没有开学以前，赶快行动！

培养天才学习ABC

做好上学的准备工作

小朋友们也许会问,上学有什么可以准备的呀?背上书包走不就得了!要是你这样想可就错了。我们常常可以看见许多小朋友上课时才发现作业丢在了家里,或钢笔里没有了墨水,要不就是上劳动技术课时忘了带手工剪刀。若是这样的话,多误事呀!所以,上学以前,一定要好好地检查一下,我们是不是带齐了所有的东西。

第一,看一看昨天老师布置的作业是不是都做完了。如果做完了,就把它收进书包里。如果没有做完,那可就不妙了,先看一下有没有时间,有时间的话赶快补上,如果时间来不及,就只好先上学去,向老师解释作业没有做完的原因。

第二,查看一下课程表,看看老师今天上什么课。如果上劳动技术课,就不要忘记带上自己的工具,如剪刀、浆糊等。如果看到课表上有体育课,就应该换上一双运动鞋,穿上较为宽松的运动服。若是上音乐课,就记着带上自己的乐器或视唱练习本什么的。总之,要根据要上的课做好相应的准备。

第三,检查文具是否准备好了。如给钢笔吸好墨水,用卷笔刀削好铅笔,带上用于计算的空白稿纸,以及其他学习用具。

此外,要养成早起的习惯,在上学之前一定要吃早餐,因为不吃好早餐的话,我们的身体就无法得到足够的营养来进行学习活动,上课时就会无精打采,老师的讲课我们就不能聚精会神地去听。尤其重要的是,如果不吃早餐的话,我们的身体会很虚弱,疾病就会乘虚而入,大家可都不愿意生病是不是?而且早起也能够使我们不迟到,迟到可是一种十分不好的习惯,大家都不喜欢和一个不遵守时间的人在一起。那就努力养成早起的习惯吧!

【提示】

★将桌椅放在家里适合学习的地方,书桌和椅子要方便自己读书、写作业。

★把书桌上与学习无关的东西清理开去,放上小闹钟、文具盒、荧光灯。

★每学期开始时给自己定一个科目学习计划,把自己不擅长的科目赶上去。

★每天把功课表上的功课完成,做完一项划掉一项。

★学习计划可以有一定的灵活性,但一经制定,必须严格执行。

★学期开始时,给自己准备一个好心情,在心里为自己加油!

★每天上学前带好作业和各种文具,根据课程表做好相应的准备。

★养成早起的习惯,要记得吃好早餐。千万不要迟到!

怎样用好空闲时间

【测试】

1. 你是否了解自己有哪些空闲时间可以利用?
2. 你是否经常在排队或者等车时阅读一些读物或者背单词?
3. 你是否了解自己一周之中哪天学习效率最高?是否了解一天之中哪段时间学习进度最快?
4. 你是否形成习惯,每学习一段时间就休息10分钟?
5. 你是否学会了把一个困难的学习任务分配在不同的时间里一点一点地分散完成?
6. 你是否形成习惯,做习题时从难到易,或者从简单的习题做起,最后做困难的?
7. 你是否很少出现这种情况,一个很简单的学习任务拖到两三个小时还没完成?

如以上问题你的回答出现两个以上"否",则应认真阅读本节内容。

曾经有一个发明家,为了做实验,他经常每晚只睡4个小时,有时一连几夜都不曾睡觉,连续工作24至36个小时是极其平常的事。实在太累的时候,他就拿书当枕头在实验室里睡上一会儿。后来,当他79岁生日时,他向别人宣布自己已经是135岁的老人,因为他常常一天干两天的工作。这个人就是电灯的发明者爱迪生。

我们讲这个故事并不是要小朋友们整天都学习,不睡觉,而是说时间对于我们来说是很重要的。我们每天都有24个小时,如果珍惜时间,把它用于学习,那么长大以后就会成为有才能的人。相反,如果每天无所事事,到处闲逛,把时间用来打游戏机,我们就是一个时间的浪费者,最终一事无成。

在每天保持8至9个小时的睡眠情况下,我们要学会合理地安排学习和游戏的时间,使学习的时候精神饱满,玩耍的时候无忧无虑。

找出自己的空闲时间

在学会合理地安排学习时间以前,首先要做的事情就是调查一下自己有哪些空闲时间。

一般来说,除节假日和周末外,我们在家里和户外度过的空闲时间有如下这些:

★早晨起床后到上课的这段时间;
★中午放学到午休的这段时间;
★午休后到学校上课的这段时间;
★下午放学到晚餐的这段时间;
★晚餐后到上床睡觉的这段时间。

许多同学把在家里学习的时间安排在下午放学到晚餐前和晚餐后到上床睡觉的这两段时间里。其实,早上起床后的这段时间用来记生词、背英语课文或者预习新课是相当好的,午休前后的时间做作业或用于阅读课外书也未尝不可。

切记:空闲时间巧安排,我们就会比别人多做出许多的事情来。

时间是"挤"出来的

除了整段整段的空闲时间要学会珍惜和合理利用以外,我们也要善于见缝插针,在各种各样的零碎时间里进行学习活动。可别小看了这些零碎时间,许多成绩就是通过点滴时间的积累取得的,今天一点,明天一点,早上一点,晚上一点,积累起来的时间就很可观了。

宋朝有个文学家叫欧阳修,尽管他的公务非常繁忙,但仍然写出了许多著名的诗词和散文。后来他将自己利用时间的方法总结为"三上",即"马上、枕上、厕上"。也就是说,把骑马出外旅行、临睡前

家庭和课外的学习

和上厕所的时间好好地利用起来。看，欧阳修多么珍惜时间，而且又是多么善于"挤"时间学习。

我们怎样在日常生活中学会"挤"时间呢？实际上，许多小朋友已经想出办法。比如，有个同学的家离学校很远，每天要坐公共汽车上学，有时候车好长时间都不来，后来她就随身带上英语单词本，在等车的时候掏出来背，每天背两三个，结果一年下来，她学会了一千多个单词，在英语比赛中还取得了好成绩呢！还有一名男同学，老是背不会"九九乘法表"，他就把乘法表贴在阳台的墙壁上，每天早晨他在阳台上锻炼时，一边做操，一边背口诀，没过多久，他的乘法口诀背得可熟啦！

我们也可以把难记的公式、数字、生词贴在床头，贴在梳妆台前，还可以在睡前躺在床上时回忆一下今天老师讲过的课文；或者，走在路上时，唱一唱老师刚刚教过的歌。总之，让我们开动脑筋，把一分一秒的时间都利用起来吧！

找到最佳的学习时间

在一天当中，并不是所有的时间我们学习的效果都是一样的。有的时间里，我们学习得非常快，而在另外的时间里，我们记一些公式，或者做习题却觉得很困难。所以，每个人都要想一想，在一天的哪些时间我们的脑袋瓜最好使？

一般说来，每天早晨醒来后的一段时间内，由于经过了一夜的休息，精神饱满，这段时间用来朗读课文、记忆生词比较好。此外，上午10点钟左右、下午3点钟左右、晚上9点钟左右也是最佳的用脑时间，大部分的同学在这些时间都会感到自己思维敏捷，学习速度快。尤其是下午3点钟，往往在这个时候从事一些创造性的工作如做实验、解数学题、制作航模等等，会感到特别有灵感。在一个星期以内，往往星期二、三、四我们的学习能力处在很高的水平，而到了星期五以后则开始下降。

当然，上面所说的只是大多数同学的情况，有少数同学并不是这样，那就要靠自己仔细摸索，看看自己最佳的学习时间在什么时候。一旦找到了，就要利用最佳的学习时间开展学习，最好是形成习惯，一到最佳的学习时间，我们就放下别的事情，开始学习，这样的话，就会学得又快又好。学习再也不是一件累人的事情啦！

提高学习时间的效率

有的同学往往不知道在学习的时候应聚精会神。他们一会儿看电视，一会儿玩游戏，过了好长时间，作业仍然没有做完。这样是非常不好的，它使我们养成了学习拖拖拉拉的坏毛病。我们通常放学回家后都会学习1~3个小时，下面就来讲一讲怎样在这1~3个小时里尽可能完成更多的学习任务，或者将规定的学习任务尽快完成。

★学习前准备好学习用具和学习材料，排除各种干扰，例如，把学习室的门关上，把收音机或电视机关掉。端正地坐在书桌前。脑子里不要想其他的事，保持愉快的情绪。

★开始做功课前，应该将要做的功课按难易程度排列好，按照自己的习惯，或者从容易的部分做起，最后做最难的功课，也可以从最难的功课做以后再做容易的。我们觉得前面的一种方法对小学生们比较合适，因为较难的功课往往在做容易的习题时就能够找到解决的方法，而且先做容易的部分，可以使我们不会因为较难的习题而来不及做其他功课。

★学习时，放一个小闹钟在附近，告诉自己应该在多长时间内完成学习任务。这样，就会紧张地学习起来，不致于把原来只需要半个小时完成的学习任务拖到两三个小时才做完，更不会在学习时三心二意，不时做些与学习无关的事情了。

★学会把学习任务分散在不同的时间里完成。人们都有这样的体会，如果一篇课文很难，也许两小时也背不完，但是如果每次只背30分钟，分成四天去背，背起来就容易多了。这是因为小学生年龄都比较小。干一件事情时间长了很容易疲劳，但是如果学会了把学习任务分配在不同的时间一点一点地完成的话，就可以使我们始终精神饱满，学起来可就快多喽！

★每学习半小时就休息10分钟，每次休息时都应该离开书桌，或者做一做眼保健操，或者到户外去散散步，呼吸一下新鲜空气，或者唱唱歌曲，或者到厨房里帮妈妈做点家务事。要养成定时休息的习惯，不要等到疲劳了才想起休息。

【提示】

★利用点点滴滴的时间进行学习。

★找到自己最佳的学习时间，确定下来，形成习惯，一到这一时间，立即开始学习。

★学习前准备好各种学习用具，不要等学习开始后再去找。

★做作业时从容易的部分做起。

★放一个小闹钟提醒自己按时完成任务。

★每学习半小时就休息10分钟。

如何学习课外读物

【测试】

1. 你会挑选课外读物吗？
2. 你会阅读书前或书后的内容提要吗？
3. 你知道课外读物有哪些类型吗？
4. 你是否掌握一些课外读物的基本阅读方法？
5. 你知道不同的课外读物有不同的阅读方法吗？
6. 你是否有边读边思考的习惯？
7. 你知道"好记性不如烂笔头"的道理吗？
8. 读完一本书后，你能不能用自己的话向别人复述书中的内容？
9. 你能不能分清阅读内容的"主干"和"枝叶"？

如果以上问题你的回答有两个以上"否"，请认真阅读本节内容。

课外读物的选择

只阅读那些正规书店里出售的书，小学生年龄都还比较小，大部分都没有什么鉴别能力，而现在的报刊书籍，尽管大部分是好的，但街上小摊上也经常卖一些格调不高的书籍，阅读这些书，效果比不阅读还要坏。因此，我们应尽量挑选那些正规书店里出售的书。如果要在小书摊上买书的话，最好有大人陪同。

★挑选书籍时，应该先读一读书前或书后的内容提要，了解一下这本书的主要内容，是写给谁看的，适不适合自己，然后再看一看目录，看看内容是怎样安排的，最后把书从头到尾随意地翻一翻，看看自己能否读懂。这时候，就可以根据自己的兴趣和爱好来决定是不是要买这本书了。

★询问一下老师或者学校图书室的管理员，最好让他们给你开一个书单，然后根据自己的兴趣进行选择。或者让家长按照你自己的能力和爱好，有目的地选择一些书籍供你阅读。

课外读物的不同类型

阅读一本书或者杂志时，你们一定要注意，你所读的是什么类型的书或者报刊杂志，不同的书籍有不同的读法。

一般来说，课外读物分为书、报纸和杂志。

★书籍

书籍恐怕是小学生接触最多的课外读物，它包括的种类也特别多。如果按照它们不同的内容来分，大致可以分为以下几种：

1. 娱乐类。这些书籍包括一些童话书、小人书、故事书、儿童唐诗、儿歌以及现在书店里卖得比较多的卡通书或漫画书。这些书中比较好的有《格林童话选》、《安徒生童话选》、《蔡志忠漫画》、《儿童古诗选读》，以及《西游记》、《三国演义》和《一千零一夜》等连环画。

2. 学习参考类。这些书主要是帮助我们学习好功课的，与教科书结合得比较紧密，除了讲解教科书的重点和难点以外，还留下了不少课外习题帮助我们巩固课堂学习的知识。这些书我们从书名就可以知道它们是属于学习参考类的。

3. 科普类。这些书主要为我们讲述一些科学常识，有的还以科幻小说的形式出现，读起来非常有趣。小学生对科普类的课外书尤其应该给予注意。这些书比较好的有：《十万个为什么》、《百万个为什么》、《数学的童年》、《跟我学电脑》以及一些科幻小说，等等。

★报刊

报纸和杂志也是主要的课外读物，同学们在生活中都或多或少地接触到一些。这些报纸和杂志基本上可以分成与书籍一样的三类：

1. 娱乐类。这方面的刊物有《学与玩》、《连环画报》等。
2. 学习参考类。例如《数学大世界》等。
3. 科普类。例如《我们爱科学》等。

课外读物的基本阅读方法

★精读

对于某些很重要的课外读物，如学习参考书或者是唐诗，必须学会精读。精读是一种重要的读书方法，对于许多书籍，我们都将使用精读的方法。

精读就是仔仔细细地逐字逐句阅读，最终把所读的东西完完整整地理解清楚，甚至能够举一反三。

精读时要注意以下几点：

1. 边阅读边思考。精读时不仅仅是阅读文字，还要细心地琢磨所读内容的含义，搞清作者讲述了一个什么故事，或是表达了一个什么观点。只有经过思考的阅读，读过的内容才会在我们头脑中深深地扎下根。

2. 理清阅读材料的结构。读书时，不仅仅要读懂所有的内容，还要知道哪些是材料中得出的结论，哪些是为了说明这些结论的。也就是说，弄清阅读材料的"主干"和"枝叶"。理清了文章的结构，我们才可以在"主干"上细细体会，而不必过多地纠缠一些细节。

3. 读懂许多书上"没有"的东西。有时候，作品中的人物说的是反话，例如"你这么能干，这件事你做好了吗？"就可能表达一种鄙视和挖苦的感情，就不能从正面去理解。像许多古诗、古词，我们就要理解它们背后的意思。如"离离原上草，一岁一枯荣。野火烧不尽，春风吹又生。"就不仅仅是写小草的盛衰兴亡，还歌颂了生命力的顽强，而且还包含了激励、安慰读者的意思在内。阅读的时候在这些地方就要认真思索一下。

★快速阅读

有许许多多的材料，它们并不需要我们细细消化，但又需要了解它们的内容，这时就需要用到快速阅读的方法。

快速阅读必须做到以下几点：

1. 以默读代替朗读。在看课外读物时，有人常常喜欢朗读。如果是读一些必须快速阅读的材料，就应该不出声地阅读文字。一般说来，默读比朗读要快两倍。

2. 不要逐字逐句地进行阅读，学会迅速地扫视一个个词、词组甚至句子，并从整体上理解它们的意思。

3. 学会简化一些结构复杂的长句子。在快速阅读时，有时必须忽略一些形容词，有时必须忽略一些表示时间、地点的句子成分，只需要理解句子的主干部分就行了，当然也应尽可能会出现一些错误。

快速阅读的方法有如下几种：

1. 预读法。当拿到一本读物时，里面可能有许多小故事或者是不同方面的内容。每一篇你都可以先看一下开头的两段。再看以下每段的第一句，然后看完最后的两段。这样做可以使你了解到所读材料的大概内容，不致于读完以后，发现这篇文章自己一点都不感兴趣。

2. 跳读法。在阅读时常常遇到一些看不懂的地方，有人就在这些地方卡住了，花了很长时间仍然弄不明白。到了这时，你就可以干脆把这部分内容跳过去，接着往下读，看看以下的内容里会不会给自己一些启发。

3. 扫读法。同学们可以训练一下自己，让自己的视线在书上快速移动，阅读一组一组的词组或句子，而不是一个字一个字地往下看，对于一些不感兴趣或者不重要的内容可以一带而过，只在一些重点章节、重要的段落或句子上停留下来。这种扫读法非常有用，但一般说来，小学生只有在经过一段时间的练习后才会熟练，否则可能是什么东西也没有读到。

培养正确的阅读习惯

★ 循序渐进

在阅读课外读物时，切不可贪多求快，就像俗话所说的那样"一口吃个胖子"。最好是一步一个脚印，从一些最简单的读物开始读起，等自己理解了，再看稍微难一点的，这样才能既学习了知识，也保持了读书时的快乐心情，不致于因阅读太难的读物而产生厌倦情绪。

★边读边想

读书不仅仅是认识几个生字而已，更重要的是要掌握书的内容，这就要求我们看书时边读边想，不但要通过思考弄明白书中的内容，还要想一想，我们在实际生活中是不是遇到过书上所讲的情况？我们现在读的这本书和以往学过的知识有什么联系，等等。

★不动笔墨不读书

常常有同学问，读了那么多书，怎样才能不忘记呢？办法其实很简单，再好的记忆力也不如用笔记录下读过的内容来得可靠。我们应该从小就养成做读书笔记、记读书卡片的习惯。

★用自己的话向别人复述书中的内容

有时候我们自以为弄懂了书中的道理，事实上并没有。最好的检验方法是向其他人讲述你所看过的书中的内容，在讲的过程中你很可能会遇到有人向你提出问题，而你回答不上来的情况，这就表明你还未将书上的内容完全弄清，这时就应该记下自己不清楚的地方，带着问题重新读书，直至找到答案为止。

怎样读娱乐类的课外读物

★故事书

如果是故事书，同学们就要注意故事是怎样开始的，中间经历了哪些过程，最后怎么样了，故事中有哪几个人物，各有什么特点。最后，还应该想一想，这个故事说明了一个什么道理。把故事讲给周围的小朋友听，如果是个笑话，尽量使他们和你一起开怀大笑。

★古诗词

读几遍诗词的原文，看看书上是怎样解释的。如果仍然不懂，可以问老师或家长，直到完全明白为止。应该想办法把读过的诗词背下来。

★游戏书

这些书包括一些"脑筋急转弯"的题目，或者教给你一些玩游戏的方法。把你看到的问题告诉小朋友，然后试着一起想出答案，与书上对照一下，看是否相同。如果是关于做游戏的书，那就按照书上的方法痛痛快快地与小朋友玩上一通。

怎样读学习参考类的课外读物

学习参考类的课外读物，往往需要同学们进行精读，在精读的过程中要注意以下几点：

★在重要的内容下画上波浪线，提醒你日后复习时注意。

★如果参考书里有对教科书内容的补充，就应该把补充内容写在教科书的相关地方，或者干脆记进笔记本里。

★做一做参考书里的习题。

★善于思考。参考书的内容往往比教科书稍难一点，阅读时应该尽量地利用过去学过的知识来理解参考书里的内容，看看新旧知识间有没有联系。

怎样读科普类的课外读物

★科幻小说

科幻小说中往往有扣人心弦的故事情节，你肯定不会错过，但是，在欣赏故事情节的同时，你也不要忘记，科幻小说里还有许多的科学知识呢。试着把你读过的科幻小说中包含的科学知识找出来，记在笔记本上，积少成多。也许有一天，你也突然有了灵感，拿起笔来也写出一篇科幻小说呢！

★科普知识

这类书中涉及了许许多多学科的知识，而且读起来妙趣横生。在读这些书的时候，除了要搞清楚书上讲的道理以外，还应该结合自己的生活经验去理解。例如这些书里提到的一些动物或植物现象，可能的话就应该实地观察一下。有些科普知识的书籍还特别强调我们的动手能力，如《跟我学电脑》等等，有条件的同学应该试一试。

【提示】

★让老师或家长给你开一个读书的清单。

★边读边思考。

★不动笔墨不读书。
★记住你所读的书的"主干"部分。

听广播、看电视中的学习

【测试】
1. 你知道有哪些广播节目是专为小学生制作的吗？
2. 你知道收听的广播节目有些什么类型吗？
3. 你知道如何收听广播节目吗？
4. 你知道怎样通过收听广播节目促进学习吗？
5. 你知道广播和电视有些什么不同吗？
6. 你知道电视节目有些什么类型吗？
7. 你知道不同的电视节目有不同的收看方法吗？
8. 你是否能通过电视节目促进你的学习？
9. 你是否能用自己的话复述广播或电视节目的内容？
10. 你是否有单独的笔记本记录你收听或收看节目时的收获？

如果以上问题你的回答有两个以上"否"，请认真阅读本节内容。

听广播与学习

★小学生经常收听的广播节目

经常收听广播的小朋友一定不会错过中央人民广播电台的"小喇叭"和"星星火炬"节目，有些小学高年级的同学每天还坚持收听中央电台的"小说和广播剧连播"节目。

除了这几个节目以外，还可以发现有的地方专门为小学生们准备的儿童台，儿童台里播出的节目都是供小朋友收听的，如北京、湖北等省、市的儿童电台。

总的说来，这些节目可以分为如下几类：

1. 故事类。像"小喇叭"和"星星火炬"几乎每天都会给小学生讲一些故事，有古代的，也有现代的；有中国的，也有外国的。这些故事一般都经过挑选。

2. 学习类。许多儿童电台经常会在固定的时间里为小学生播放学习辅导讲座，或者是少儿英语节目，以及一些科学知识讲座等。

3. 娱乐类。在这些节目里，主持人通常都邀请小学生打电话进去参加节目举行的活动，如猜谜、少儿卡拉 OK 比赛等等。

★如何收听广播节目

首先要做的事情就是记住每个电台播出少儿节目的时间，可以写信给电台的叔叔阿姨，让他们给你寄一张节目表，你就可以查到节目什么时候开始了。

1. 收听故事类节目与学习

（1）认真收听故事节目，把故事里的人物和事件记下来；

（2）把听到的故事讲给周围的人听，可以给其他小朋友讲，也可以讲给爸爸、妈妈听。还可以让爸爸、妈妈和你一起听节目，然后让他们听你讲得对不对；

（3）如果你听了这个故事有什么感想，就把感想写进日记里；

（4）如果这个故事是从哪本书上改编过来的，试着找到那本书读一读。

2. 收听学习类节目与学习

（1）写信给电台的叔叔阿姨，询问有没有与他们播出的节目配套的学习教材。如果有的话，就邮购一本。

（2）对照学习教材认真收听节目，有不懂的地方，可以请教爸爸、妈妈或者邻居的大哥哥、大姐姐；

（3）思考一下，电台里讲的这些内容与自己在学校学习的课程有什么关系。如果有的话，在笔记本上记下来。

（4）完成节目里布置的作业。

3. 收听娱乐类节目

完全放松，尽量参与，把收听娱乐类节目作为学习的一种休息。

看电视与学习

★电视与广播有什么不一样？

广播节目只需要我们用耳朵去听，在讲故事时要求小朋友展开幻想的翅膀，想象故事所描述的情景。电视就大不一样了，不但要我们听，还让我们看,例如电视剧,剧中的人物不用我们去想象,他们直接出现在电视画面上,我们可以清清楚楚地看到他们的一举一动。

★电视节目的分类

1. 学习类。每个电视台都有供少年儿童观看的学习节目,有的学习节目与小学生在学校学习的科目有关,如少儿英语、小学生数学等。有的学习节目是教给小朋友一些科学知识,或者是一些动手的技巧,如"我们的地球"、折纸、踢足球等等。

2. 动画片。动画片恐怕是小朋友们最熟悉、最喜欢的电视节目了。目前无论哪个电视台,都会在午间和傍晚的休息时间播放动画片。

3. 电视短剧。你对电视剧肯定也不会陌生,像《小龙人》、《成语故事》等等,都是深受小学生欢迎的少儿电视节目。

4. 综合文艺节目。这类节目中最著名的是中央电视台每天下午播出的"大风车"。这类节目往往非常活泼,节目里不仅生动地给小朋友讲了许多的科学知识,还带着小朋友们见识了许多没有去过的地方。主持人和参加节目的小朋友做着丰富多彩的游戏,真是太让人开心了。

★收看学习类节目促进学习

1. 记住你所要收看的学习节目的时间。准备好节目配套的学习教材;

2. 认真收看节目,随着老师一起读课文、做练习。有条件的话,让爸爸妈妈把节目录下来反复收看;

3. 准备一个笔记本,记下你学习中的收获。

★收看动画片和电视短剧

1. 把看到的动画片和电视短剧的情节讲给爸爸、妈妈或者同学听。着重讲一讲片中你印象最深的一个人物;

2. 有什么感想的话,记在日记本里。

★收看综合文艺节目

准备一个笔记本,记下你在收看这些节目时学到的知识。

【提示】

★掌握节目播出的时间。

★把你看到的或听到的故事讲给周围的人听。

★准备一个笔记本,记下你学习中的收获。

培养天才学习ABC

学会积累学习材料

【测试】

1. 你会不会做读书笔记?
2. 你能不能用自己的话写下读书的体会?
3. 你是不是隔一段时间就整理一次你的读书笔记?
4. 你知道读书笔记有哪几种类型吗?
5. 你会做读书卡片吗?
6. 你知道读书卡片也有几种类型吗?
7. 你是否了解剪报的好处?
8. 你懂得怎样制作剪报吗?

如果以上问题你的回答有两个以上"否",请认真阅读本节内容。

学会做读书笔记

读书时做读书笔记的好处是显而易见的。一个人在阅读过程中不可能把所有的重要知识全部都记住,做读书笔记可以将自己认为重要的地方记下来,将自己所想到的内容记下来,日后可以随时查阅。如果做笔记能够用自己的话把书上的内容叙述出来,那么印象就更深刻了。

明朝的李时珍为了写作《本草经》一书,刻苦攻读了《内经》、《伤寒论》、《本草经》等医学书籍,在近30年的时间里读了八百多种书,一边读,一边做笔记,前前后后一共写了几百万字的笔记,装满了好几柜。以后,他将自己的笔记连同搜集的单方和医案加以整理和检查,最终写成了举世闻名的《本草纲目》。这本有190万字,一千多幅插图的中药著作就是建立在他的读书笔记基础上的。你们看,笔记的作用实在不小呀!

★注意事项

1. 做读书笔记一定要及时。在读书时,只要是自己觉得重要的内容,就应该拿笔记下。如果阅读过程中自己受到某些启发,哪怕是一点点,也应该及时记在笔记本上。

家庭和课外的学习

2. 读懂了以后再记笔记。做读书笔记并不是简单的照抄，即使是摘录，也应有所选择。在自己将所读的内容完全弄懂以后，才能把其中有价值的，或者是自己感兴趣的内容记在笔记本上。

3. 读书笔记最好分类做。语文方面的内容单独用一个笔记本，数学方面的用另一个笔记本，这有利于日后查找。即使是语文方面的读书笔记，也可以再分成摘抄用、读书笔记和自己的心得体会方面的笔记，等等。

4. 最好用自己的话写下读书的体会。这样做有两个好处，一是使我们能够用心地理解读到的内容，二是可以锻炼我们的文字表达能力。

5. 尽量简明扼要。把你认为最有价值、最感兴趣的部分记下来，尽量简短一些，使自己以后看起来方便。

6. 经常把读书笔记拿出来看一看，整理一下。读书笔记并不是做了就完事，应该时常浏览，如果有什么新的想法，应该及时记上去。最好是每隔一段时间将笔记上的内容重新整理一遍。

★读书笔记的几种类型

小学生所做的读书笔记大多比较简单，但重在培养记读书笔记的习惯，掌握写读书笔记的方法。

1. 摘录式笔记

摘录式笔记就是把书籍、报刊杂志上最重要、最精彩，或者是自己最有兴趣、最需要的内容和语句摘抄下来，使我们以后查找起来感到很方便。

摘抄前一定要认真地阅读原文，然后把其中最有用、最重要的内容抄下来。

如果是从书上摘抄的话，你要在笔记上记下书的名称、作者的姓名和书的页码；如果是从报纸或杂志上摘抄的话，则要写清报纸或杂志的名称、哪一期、文章的标题和作者的名字等等。这样做的好处是以后容易查对。

必须记住：摘录内容尽量和原文相同，不要随便增加或减少文字，最好连标点符号也不要改动。

2. 读后感

读后感是指在读完一篇文章后，写下自己的感受、启发和体会。

读后感必须用十分简洁的文字把文章的内容叙述一遍，但一定要叙述得很清楚，使人一看就知道文章讲的是什么。

读后感的重点在于要写出自己读了文章后的真情实感。可以写你对故事中某一个人物的看法，表达对他喜欢或者是厌恶的感情，也可以谈一谈读了文章后自己受到了什么启发，准备今后怎样去做等等。记住一点，这些感情也好，启发也好，一定要是自己的真实想法。怎样想的，就怎样去写。

3. 提纲式笔记

这种笔记对小学生的要求要高一些，但从小应该努力学习掌握，因为日后的学习中我们必须经常记提纲式笔记。

提纲式笔记就是用简明准确的话把文章的主要内容和基本思想概括地写出来。

提纲式笔记在写的时候应该注意：

（1）先通读全文，从字里行间找出文章的提纲。在读书的时候一定要知道自己正在读哪一章哪一节，而且还要注意"首先"、"其次"、"最后"或者"第一"、"第二"等词语，因为这些词语后的句子往往是作者要表达的意思。

（2）在做提纲式笔记时应按原文的章节和段落层次来写，不能漏掉大小标题，把你所找出的提纲记下来。有时候文章的大小标题就是你要找的提纲。

（3）尽量用自己的语言概括提纲各部分的内容。

学会做读书卡片

读书做卡片的好处除了帮助记忆以外，携带和整理起来也很方便。卡片不像读书笔记那样是固定的，它可以按照小朋友的需要进行不同的分类，查阅起来也很方便。小学生应该从小就养成做读书卡片的习惯。

★怎样做读书卡片

可以到书店或者是文具商店直接购买读书卡片。这些地方出售的卡片品种很多，你可以根据自己的需要和爱好挑选。一般说来，用得较多的是文摘卡。这种卡片上面印着几栏，如"题目"、"作者"、"译者"、"书刊名称"、"内容摘要"等。

有兴趣的同学可以自己动手制作读书卡片。将较厚的白纸，或过期的挂历纸、台历纸或废旧的贺卡,裁成出售的文摘卡的大小,用米尺和圆珠笔依照文摘卡的格式填上相应栏目,读书卡片就做好了。当然,也可以将一些从报纸、杂志上剪下来的卡通人物画片贴在卡片的边角地方,使卡片看起来更加精美。你也不必为没有盛放卡片的盒子发愁,家里玩具的包装盒,经过改造的鞋盒子都可以作为卡片盒;实在找不到,不妨用大的牛皮纸信封代替。

★记读书卡片的注意事项

1. 一张卡片只记一个内容。或者是一个公式,一个定理,或者是一个事例,一段原话,一条格言警句。这样分门别类和排列组合,以便日后使用。

2. 卡片要记明摘抄内容的出处,如书或报纸杂志的名称,文章的标题、作者,杂志的期数,书的页码等等,便于日后查对。

3. 卡片内容应简洁明了。把你认为最有用、最感兴趣的地方记下来,不要什么内容都记到卡片上去。

4. 如果是作摘录的话,注意加上引号,引号内的内容不能修改或遗漏。如果有意省略一些字句,应该加上省略号。

5. 经常整理。读书卡片应不时拿出来浏览一遍,看看原来所分的类是否合理,不合理的话,可以重新归类。应注意,一张卡片的内容或许可以归入好几类,这时应该复制几张卡片,分别归类。

★读书卡片的几种类型

1. 摘录卡。把你看到的文章中的某些重要观点、典型事例或者是精彩的格言警句原文摘录下来,不作改动,便于日后参考。

2. 摘要卡。如果看的文章很长,你应该学会在卡片上将其重要的结论、数字用自己的话概括出来。摘要卡可以帮助你以后看到摘要就能根据出处查到原文。

3. 帮助记忆的读书卡片。在读书卡片上记下你要背的公式、定理、外语单词、诗歌、名言警句,放在口袋里,一有空闲就拿出来背诵。

4. 随想类的读书卡片。把你看书过程中的一些想法,甚至是一些非常奇怪的想法,都可以毫无保留地记在读书卡片上,也许里面还有许多创造性的灵感呢?

★读书卡片的使用方法

读书卡片的用途多种多样,以下介绍的仅仅是给你一个参考。

1. 读书卡片可以摘录名言警句，或者是文学作品中的精彩句子，也可以是某些事例，然后把摘抄的这些卡片分成不同的类别。这样，在写作文的时候，把卡片拿出来看看，很可能会受到一些启发。

2. 读书卡片的正面可以写上复习题，反面写上答案，每个题目一张卡片，然后分成不同的科目。等复习的时候取出这些卡片，先看看正面的复习题，看能否回答出来，最后再看答案，看看自己的回答是否准确。

3. 读书卡片上写下难记的生字、外语单词、公式、口诀等等。由于卡片体积小，重量轻，便于携带，因此我们几乎任何时候都可以带上，在空闲的时间记忆卡片上的内容。

学会做剪报

★剪报的好处

无论是做读书笔记，还是记读书卡片，都不能把原文一字不漏地保存下来，而且还要对文章进行一些概括和归纳，最后还要将概括或者摘录的内容写到笔记本或者是读书卡片上，整个过程花费的时间和精力是比较多的。剪报则是一种简便有效的方法。

剪报不需要我们对原文进行加工，不需要写下许多文字，最重要的是剪报一字不差地保留了原文，使我们日后翻阅起来，不需要再查找原文。

★剪报所需的工具

剪报需要的工具很简单：小剪刀、胶水或透明胶、直尺、彩笔或圆珠笔，几本稍大一点的笔记本（用过的也行），当然，还需要打算剪下来的报纸或杂志。

★剪报的制作

1. 阅读报纸或杂志，记下对你有帮助或者你觉得有意思的文章。

2. 用剪刀将这篇文章剪下来，注意不要把文章内容本身剪掉。如果不小心误剪了一刀，应用透明胶粘好。

3. 将你准备的几个笔记本分分类，哪个笔记本上收集什么类别的剪报，应在笔记本的第一页记清。

4. 用胶水或透明胶将剪下来的文章粘在笔记本上。

家庭和课外的学习

5. 用彩笔和直尺在文章四周画线，使剪报显得突出一些。必要的话，在空白的地方画上一些图案。

6. 给剪报标上序号，在笔记本的前几页上做一个目录：第一份剪报是什么标题，第二份是什么，等等。

【提示】

★无论是读书笔记、读书卡片还是剪报，小明友都应该按照不同的类别分开来做。

★读书卡片应做到一张卡片只记一个内容。

★读书卡片可以帮助我们记忆一些比较难记的东西。

★剪报方便省事，是小学生积累学习材料的最好方法之一。

四　学校的学习

做好课前准备

【测试】
1. 你是否有课后复习、课前预习的习惯？
2. 你是否上课之前5分钟就走进教室，做好课前准备？
3. 你是否每次上课之前都准备好了必要的文具？
4. 你是否在上课之前想一想要学的内容和学过的内容？
5. 你是否做好了上课的精神准备？
6. 你的生活是有规律的吗？
7. 你经常进行体育锻炼吗？
8. 你知道怎样利用课间和午间时间吗？

以上问题，如果有两个以上答"否"、"没有"、"不经常"、"不知道"，你有必要阅读本节内容。

课前准备，其实在上堂课结束时就已经开始了。回想一下上堂课讲了些什么内容，自己掌握了没有；将一天的学习内容进行复习和笔记整理，然后完成作业。这也是下堂课或第二天课的课前准备活动。

课前准备还包括对下堂课的学习内容做做预习，了解一下要学习的内容，找出前后两次课的内容之间的联系和自己的学习重点。

上课前要做的准备：

首先，检查一下上课用的书本、文具、学具带来没有，准备好了没有。比如，练习本还够不够用、铅笔削好了没有、钢笔灌没灌墨水等。不要等上课铃响了，才进行准备。

将要用的书本、文具、学具取出来，在课桌上摆放好。将与学习无关的东西，比如玩具、故事书等收拾起来，放到抽屉或书包里。将桌面擦干净。

课本和练习本放在课桌的左边，课本放在练习本的上面。笔记本放在课本和练习本的右边。文具盒放在课桌的右上角。学具可以先放在抽屉里，老师让取的时候再取出来。

第二，想一想上堂课老师讲了什么，这堂课老师要讲什么，这堂课哪些内容需要特别注意听。

第三，有时间的话，最好做一做身体调整活动。身体坐直，将两手平放在桌面上，闭眼、深呼吸，同时全身放松，想一想蓝天、白云、青草、小溪等，然后什么也不要再想，听一听远处的声音，眼球沿顺时针和逆时针方向各转两次，睁眼、活动活动四肢和头部。如果天气比较热或者比较疲劳，可以按摩太阳穴和大椎穴（耳朵上边缘的前方和颈后部），或者在太阳穴抹点清凉油。

以上活动都可以使你在临上课前，快速地达到头脑清醒、精力充沛。

重要的是养成良好的生活习惯。要早睡早起，保证有10个小时左右的睡眠时间。早饭、午饭要吃得适量，保证足够能量。中午和课间不追逐打闹，不做剧烈活动，但可以走出教室散散步、活动活动四肢。要养成午睡习惯，但午睡时间不要太长，以半个小时左右为宜。平时还要讲究卫生，课余时间和体育活动时间积极锻炼身体，保证身体健康。

【提示】

★要养成及时复习和预习功课的习惯。

★上课之前应准备好书本、文具和用到的学具，将它们摆放好。

★上课之前要迅速地回忆一下复习和预习的内容及遇到的问题和重点。

★平时要养成良好的生活习惯，保持良好的身体状态和精力。

★上课之前要做一些身体准备活动，打起精神来。

听课的方法

【测试】

1. 上课铃响过之后,你是否能安下心来听讲、学习?
2. 你上课时是否能集中精力听讲,不为外面的事所打扰?
3. 你是否在听讲时经常想一想为什么?
4. 你上课时积极提问和回答老师的提问吗?
5. 你在学习新课时,是否能联系旧知识和实际生活?
6. 你是否注意到了老师讲课内容的要点?
7. 你知道怎样提问和回答问题吗?
8. 你是否做课堂笔记?
9. 你是否在下课后立即回想一下听讲过的内容,并及时将不懂的问题向老师请教吗?

以上问题,如果有两个以上回答"否"、"不"、"不知道",那么你应学习本节的内容。

听课就是听老师的讲解。要听好课,必须做到以下几个方面。

1. 排除干扰,全神贯注地听课

上课铃声一响,我们必须马上在座位上坐好。身体要端正,两手平放在课桌上,两脚平放,脚尖朝前。身体不要趴在桌子上或靠在后面的课桌上。双手不要玩东西、做小动作或拄头。不能翘二郎腿,脚和腿不能乱晃或蹬在自己或他人的桌椅横档上。

上课时不要和其他同学交头接耳、互传小纸条、小声聊天、玩玩具、看闲书。

上课时,眼睛要注视老师,心思要跟着老师的讲话走。两眼不能瞟窗外或其他同学,窗外和其他同学发出什么样的音响,你尽量不要去看,去听。上课时间应一门心思用在学习上。

只有在记笔记、做作业或读课文时,你的眼光可以离开老师,但心里要想着老师讲的内容或提出的要求。

上课时间,不能用来想课堂学习以外的事情。即使是有关学习的内容也不行。只要它和本堂课内容无关,比如,"昨天考试考了多少分"

之类的问题，在上课时就不要去想。心思要跟着老师的讲课走。

当发现自己走神时，要立即提醒自己注意听讲。要注意老师的提示和表情。当老师发现我们走神或不注意听讲时，他往往会用目光、语言或动作提醒我们。

2. 积极思考，主动听课

听课的时候要不断地反问自己，"老师讲的是什么意思？""为什么要这样讲？""这个内容和前面讲过的内容有什么联系？""怎样按照老师讲的去做？"等。这样顺着老师的讲解思路，将要学的知识弄懂、弄明白、学会应用。

在听老师讲解的时候，还要将老师讲的和自己预习时遇到的问题相对照，想一想"老师为什么这样讲？""自己预习时为什么没有想到？""自己受到了什么启发？""通过听老师讲，又发现了什么新问题？"

听课时，将重点的内容记下来，将发现的问题也记下来，以便课后复习和向老师请教。

要按照老师的要求进行读书、思考和做练习。

在听课时，要将新知识和旧知识联系起来想一想，将所讲的内容和实际生活的内容联系起来想一想。

在听课时，要做到边听、边看、边想。需要说和动手时，要积极动手、动口。

3. 抓住老师讲课的重点思路

每节课开始时，老师总要拿出几分钟时间，将上堂课讲的主要内容简要地强调一下。有时是老师讲，有时是让同学们说或做练习。老师会根据学生的情况，指出应该注意的问题。这时，我们要格外注意听，从中找出自己上堂课学习中的漏洞并及时补上。如果还有不懂的地方，这时要举手，向老师提出来。

在每节课讲完前的几分钟小结也是听课的重点，也应当注意认真听。老师会概括地提示同学们这堂课的要点，对理解和巩固课堂学习内容起到画龙点睛的作用。这时，千万不能急着收拾东西，准备离开教室。

在讲课过程中，老师会用各种方式提醒同学们哪些知识需要加以特别注意。比如，老师提高嗓门或降低语调，或者说"要记住……"，或反复强调，在相应的板书下画横线。

老师用"一、二、三……"加以强调的部分往往是重点。老师的板书也应作为听课重点来看待。老师特意给出例题和练习的部分也是听课时应注意的重点。

4. 大胆发言和提出问题

听课过程中，没有听明白时，可以先记下来或做上记号，等老师讲完一段话时，举手提问。如果课上没有机会提问，课下也必须尽快向老师请教。

向老师提出问题进行请教之前，自己先应在头脑中想一想"怎样提出这个问题？包括几个小问题？"并自己尝试着回答一下，找出问题的关键。

提问时，要用书上的词语来表达自己的意思，说话要有条理，复杂的问题要逐条来表达，用语要准确，不要绕圈子。

课上要积极思考和回答老师提出的问题。回答问题之前要先想一想"老师提的是什么问题？""它和学过的内容有什么联系？""回答这个问题，需要先答什么？后答什么？每一步又需要联系怎样的知识来回答？"

想好之后，要大胆举手。老师叫到你时，应站起来，按照事先想好的顺序进行回答。声音要洪亮，吐字要清楚，语句要连贯。答完后，老师说"请坐"，你才可以坐下。

老师对你的回答会做出一些表扬和讲解，指出大家都应该注意的问题和标准答案。这时你一定要仔细听讲，从中发现哪些是应当记住和掌握的。

千万不要害怕提出问题和回答问题。能发现和提出问题的地方，大多是学习中的关键内容。在提问和回答问题的过程中，你可以得到老师的及时讲解，克服学习中遇到的困难。

5. 及时总结归纳，做好听课笔记

老师每讲完一个新知识，同学们就要及时地想一想它和其他知识有什么联系。一堂课的主要内容讲完，同学们应回想一下"这堂课都讲了哪些内容？它们之间有没有联系？有怎样的联系？它们又和前面学过的内容有何联系？"

记笔记的一项重要内容就是帮助及时总结和归纳新知识，将当堂讲的内容逐条记下来，并标明它们之间的联系。还应将学习中遇到的问题记下来，以便课下和下节课继续学习和向老师请教。

【提示】

★课上应集中注意力,全神贯注地听老师讲解。眼睛要盯着老师的嘴,看老师的表情,耳朵听老师讲课的声音,头脑思考老师所讲的内容。还要时刻提醒自己,不要走神。

★要多问几个为什么,弄懂老师讲的内容,理清老师讲的思路,解决自己学习中的问题。

★要对讲的开头、结尾和中间老师示意的重要内容加倍注意。

★不要害怕提问和回答问题。提问和回答问题之前要认真思考,之后要仔细聆听老师讲解。提问和回答问题时,要声音洪亮、吐字清楚、条理分明。

★听课过程中和课程将要结束之前,要进行学习内容的归纳和总结,并把要点做成笔记。不懂的地方尽快地问老师。

记好课堂笔记

【测试】

1. 你能说出两种或更多的课堂笔记形式吗?
2. 你会在书上做符号笔记吗?
3. 你会在书上做批语笔记吗?
4. 你知道怎样使用笔记本吗?
5. 你知道做笔记应注意的问题吗?
6. 你课后整理和复习课堂笔记吗?
7. 你知道怎样保存笔记吗?

以上问题,如果有1—2个以上题目回答了"不能"、"不会"或"不知道",那么你有必要仔细阅读本节内容。

记课堂笔记可以帮助我们理清听课的思路,抓住听课的要点,并为日后复习提供方便。

课堂笔记分为两种:一是记在课本上的笔记,一是记在笔记本上的笔记。

1. 在课本上记笔记的方法

①符号笔记

就是在书上做记号,标明重点,提出疑问或引起注意等。

做符号笔记之前,要先读懂或读完整个内容。如果自己对哪儿是重点,哪儿是问题,事先没有把握,就不可能做得准确。

做符号笔记要善于选择。在通读的基础上,选择确实需要做标记的地方,而不要在很多内容旁边做标记。

要选择自己熟悉、常用的符号来做。符号种类不要太多。常用符号一般有:——、～～、……、△△△、( )、" "、? 等。? 表示疑问;……、△△△,表示重点词;——、～～,表示重点句;( )、" ",表示重点的几句或段。对于带标题的内容,我们只需在标题边做标记。

你还可以使用不同颜色的笔来标记不同的内容。比如用红色标记重点,用黑色表示疑问。

②批语笔记

就是将某部分内容的要点、疑问或补充记在书的空白处。比如对特殊词语的解释,对文章中心思想的概括等。

做批语笔记之前,也要仔细阅读全部内容,甚至补充材料。批语笔记可以参照老师讲课时的板书来做。

批语笔记也应有选择、简明扼要,书写清楚。

2. 在笔记本上做笔记的方法

首先,要选择合适的笔记本。

各科笔记要分开来记,用不同的笔记本。笔记本最好是活页本,便于整理和使用。笔记本不要太小,最小也得是和课本一样大的。

笔记本的每页要分成两栏。你可以在每页中间靠右一点竖着画一条粗线,将每页分为两栏。左边较大的栏内记老师讲的内容,右边小栏内记自己的想法、问题等。两栏内容之间要有对应,也就是老师讲的和自己想的相同章节的内容应在相同的行上。这样便于对照复习。

在笔记本每页的上方要标明年月日、章节题目和页码。

在记笔记时,左边栏内的内容可以按老师的讲课顺序,逐段来记。先标明每个环节的标题,如"一、生字",然后在标题下记老师讲的主要内容。

笔记要有选择，不能逐字逐句地记。要记讲课的重点。还要准确，尽量用书上的词语来记。不要将自己的想法和老师讲的混到一起。

记笔记要快。要以听讲为主，不能因为记笔记影响听讲。笔记中可以使用一些符号或简称。对于大段的与书本上相同的内容，可以用"见书××页，从××到××"的形式注明，不必抄写一遍。

在做数学等课的笔记时，不仅要记公式和定理，而且要记例题和推导过程。

记笔记时，要为没有记下来的内容留出空位，以便课后补上。

字要尽量写得工整，以免因为过于潦草，看不清楚而影响笔记的效果。

课后整理和利用笔记的方法

课后应把课上遗漏的笔记内容补上。然后从头到尾读一遍笔记，回想一下课上老师都讲了哪些内容，笔记上是否记全了、记对了。需要补充、修改的地方要加以补充和修改。

检查一下自己课前预习中发现的问题有没有通过听课得到解决。听课过程中又产生了什么新问题。

如果自己在课外发现了某些好的材料，也可以补充在笔记中，并标明出处。

笔记本要保存好，定期整理，将特别乱的誊抄一遍，将相对集中的内容装订成册，加上封面，注明课程名称、册数、章节页码等，以后复习时可以做为重要辅助材料。

【提示】

★做笔记之前，首先要通读整个学习内容。

★做笔记要有选择、有重点，简明扼要，书写清楚。

★做笔记要和听课结合起来，通过课前预习发现的问题和老师讲课时的提示，抓住记笔记的要点。

★记笔记要快，可以使用符号或简称。

★笔记本要用活页，要分栏。

★课下要整理笔记，并在此过程中复习课堂教学内容。

★笔记本应妥善保存，定期整理。

抓紧课堂练习

【测试】

1. 你在做课堂练习之前复习讲述的相关内容吗?
2. 你能区分练习的目的和类型吗?
3. 你在做练习之前,能想出两种以上的做法吗?
4. 遇到困难,你是否积极地从多角度寻找原因?
5. 做完练习后,你进不进行检查和总结?
6. 不会做的题,是否请教老师?
7. 你知道口头练习、书面练习和动作练习的一般要求吗?

以上问题,如果有1-2题回答"不"、"不能"、"否"或"不知道",你就应当阅读本节内容。

做课堂练习之前,先要想一想这堂课学了什么内容。如果有记不起来的地方,赶快看一看书和笔记,将它们弄明白。

然后仔细想一下练习的题目包括哪些问题,要用到哪些方面的知识。将问题和知识联系起来,想一想该怎样做,有几种做法。

练习过程中,要仔细、认真。遇到困难时,要问一问为什么,看一看前面的做法是否有错误,是否需要应用其他的知识,是否可以换个角度。

做完练习后,要进行检查,看是否做得正确。做错的题,要找出错误的原因,并进行改正。做对的题,要看一看是否还有更好的做法。实在不会的题目,要记下来并请教老师。

做口头练习,需要声音洪亮,用语准确,富有条理。做书面练习,要求书写清楚,格式正确,条理清楚。做动作练习,要求动作熟练、准确。

【提示】

★课堂练习之前先想一想相关的知识掌握了没有,及时进行复习。
★在做练习之前先在头脑里想一想应该怎么做,制定一个练习计划。

★练习过程中要认真、仔细,不要漏掉某个步骤,要时时问一问为什么。

★练习完成后要进行检验,没有掌握的内容要及时补上。

★练习要符合不同类型题目的具体要求。

课堂读书自学

【测试】

1. 你知道课本有哪些主要部分吗?
2. 自学课本时,你读不读自学指导?
3. 你是否对课文进行多次逐步深入的阅读?
4. 你在自学中经常使用字典、工具书吗?
5. 你对课文内容和练习中的动手、动脑性内容进行尝试吗?
6. 你预习练习题吗?
7. 你知道怎样预习单元练习吗?
8. 你在自学辅导材料时,先学习课本中的相应内容吗?
9. 你是否做自学读书笔记?

以上问题,如果有两个以上回答了"不知道"、"否"、"不使用"或"不经常"等,那么你就有必要仔细阅读本节内容。

课堂读书自学主要包括阅读课本和辅导材料两种。

课本是课堂学习中运用的主要阅读材料。它由一节节的课文组成,每节课一般包括三部分:学习指导、正文和单元练习等。

阅读课本,首先要读学习指导,明白正文的主要内容和学习中应注意的问题。然后阅读正文,弄明白其中的新知识,将不明白的地方记下来。正文要反复读几遍,彻底弄懂其中的主要内容。

在读正文的过程中可以使用字典、工具书等,对其中的操作性题目要亲自加以尝试。经过自学而弄不懂的地方,要问老师。

最后是阅读练习题,做一做练习题,检查一下自己哪些地方还没有学会。

单元练习是为巩固一个单元中的几篇课文共同的知识内容而设计的。在做单元练习之前要读一读单元提示,最好是在复习的基础上再做练习。遇到不懂的地方，要返回去再复习一下相关内容，最后再问老师。

辅导材料有许多种，它们都是配合课本学习的。所以在阅读自学辅导材料之前要先学习课文中的相关内容。然后按照阅读自学课本正文的方法来进行自学。在做辅导材料中的练习的时候，先不要看答案，做完以后再看答案。做完练习之后，还要分析做对或做错的原因。

在课堂读书自学过程中，要适当地做些笔记。将重要内容摘记下来，把遇到的问题也记录下来。自学完成后，要把遇到的问题向老师提出来，并听老师的讲解。

【提示】
★在自学课文时，要先读学习指导，再读正文，最后做练习。
★在自学过程中可以使用工具书，并且要积极动手动脑。
★在做单元练习之前，先要复习相关课文。
★在阅读辅导材料之前，先要复习相关课文。在做完练习后，要先自行检查，再看答案。
★在读书自学过程中，要做笔记。
★自学结束后，要进行自我总结，并听老师的讲解。

怎样复习功课

【测试】
1. 你知道在什么时候复习效果最好吗？
2. 你是否形成习惯，每隔一段时间都要进行一次阶段复习？
3. 你知道复习分哪几个步骤吗？
4. 你会整理课堂笔记吗？
5. 你能确定你的复习重点吗？
6. 你有没有适当地看点参考书？
7. 你是否经常做点练习或实验，巩固你课堂上学习的内容？
8. 在复习时，教科书上的重点和难点你是否都一一攻克了？
9. 复习时你会不会使用总结和归纳的方法梳理你学过的内容？

10. 你知道不同的科目有不同的复习方法吗？
11. 你能不能用自己的话复述学过的内容？
12. 你能说出多种经常使用的复习方法吗？

如果以上问题，你的回答有两个以上"否"，请认真阅读本节内容。

趁热打铁

当我们学过新课以后，如果在还没有忘记以前就开始复习，那么就可以将学过的这些知识记得很牢了。就好比一座房子，如果我们趁它垮掉以前就及时修补，它就可能不会倒塌，但是如果等到它垮掉以后再来修理，我们就要重新再造一座房子了。

及时复习能够节约时间。当天学习，当天复习，我们每天只需花费一点时间，就可以很容易记住所学的内容。

及时复习能够使我们及时了解自己的弱点，便于和老师讲课的进度同步。遇到不能理解的问题，通过认真的复习，我们可以及时补救，免得因为某个公式或定理没有弄明白，而影响以后的学习。这就是趁热打铁的道理。

总之，同学们要养成习惯，在遗忘以前，赶快动手复习功课。

复习的时间

1. 课后复习

我们学习新知识的时候，大多数人不可能把知识内容全都记住，这当中有个遗忘的过程。一般来说，我们学过的知识在开始阶段遗忘得较快，以后就遗忘得越来越慢。因此，如果不及时复习，等遗忘之后再复习就很困难了。同学们必须抢在遗忘之前开始复习，最好做到当天的功课当天复习。

2. 阶段复习

除了每天都要复习当天的功课以外，同学们还要注意，每隔一段时间，我们都要进行阶段复习，把零零碎碎的知识串起来。这种阶段复习一般分为以下两种：

（1）章节复习。每当一个单元或者章节学完以后，都应该将这一单元或章节的内容从头到尾复习一遍。

（2）科目总复习。学期快要结束即将进行考试的时候，我们应该回过头来认真地看一看这一学期学过哪些知识；知识与知识之间有些什么联系；怎样综合运用它们。一般说来，每门科目都要进行这样的工作。

复习的步骤

1. 课后复习的步骤

（1）认真阅读教科书。教科书是最重要的学习材料，一定不要轻易放过它。当然，复习时阅读教科书并不是简单地重复阅读一遍，而是要弄清概念是怎么定义的，公式是怎样推导的，如何运用等问题。

（2）回忆上课内容。可以像"过电影"一样，把老师上课时讲的内容回忆一遍，回忆的时候把书合上。回忆不出来的内容，应该打开书好好看一看，因为这很可能是我们学习得不是很好的地方。

（3）整理课堂笔记。课堂笔记最好用自己的话整理出来：①通过回忆，把上课时没有记上的内容补记在笔记本上；②课堂上记得不准确的地方应及时更正过来；③把参考书上的有关资料也记在笔记本上，便于以后查阅；④把自己曾经理解错误的地方画上记号，防止再次犯错。

（4）少数有兴趣也有能力的同学，可以尝试用图表来表示新旧知识之间的联系，或者采取编写提纲的方式总结学过的内容。这两种方式对刚开始使用的人会有一定的困难，但坚持下去成为习惯，自然会给你的学习带来许多好处。

（5）适当地看点参考书。前面说过，教科书是最好的学习材料，是我们应该努力掌握的。好的参考书也能够帮助弄清教科书中的重点和难点，加深对知识的理解。参考书不应该太多，可以适当挑选一下，每门科目选择一到两本。复习时仍以教科书为主，在阅读教科书的基础上看点参考书。

（6）做些练习或实验。知识只有在运用的过程中才会发挥它的作用，也只有在练习和实验中才能牢牢地掌握学过的知识。在复习快要结束时，不妨做点练习，再与参考答案对照一下，看看自己对了多少？错在哪里？或者做些小实验，看看实验结果和书上讲的是不是一样？

2. 阶段复习的步骤

（1）分清哪些知识是主要的、基本的，哪些知识是次要的。在阶段总复习时，通过阅读参考书和笔记，我们要像梳辫子一样将知识整理出来，哪是主干，哪是枝条。把那些主要的、基本的知识牢牢掌握住，不要头发、胡子一把抓，在一些细微末节的地方纠缠不清。

（2）将过去教科书和笔记本上做过困难记号的地方仔细复习一遍。经过一段时间以后，以往那些比较困难的地方可能仍然是我们前进路上的"拦路虎"，对这些难点需要额外地多付出一些时间和精力。

（3）进行归纳总结。同学们可以学习用一些列表或画图的方法把学过的知识串起来，例如，学完三角形之后，就可以画一画图，看看三角形可以分成哪几种，每一种有些什么性质和特点，它们怎样区别，三角形总的说来有哪些公式和定理等等。通过画图，各种知识可以一目了然。

（4）注意比较。当学完了梯形和平行四边形后，可以列一个表，把它们之间的相同和不同之处一一列出来，相互对照，这样，对梯形和平行四边形就能认识得很清楚了。不过一定要注意，在比较的时候尽可能不要漏过任何一个方面，这样的比较才能更加全面。

（5）选择一些综合性的练习题。以往在课后复习时往往做的习题都是针对某一个公式或定理的，但是，等学习完一个学期之后，就需要做一些综合性的习题了。这些习题往往不是要测试我们某一个方面的知识，而是要求把所有的知识都调动起来解决一个问题。

大家切记不要忽视这样的练习！

复习的几种特殊方法

1. 目录复习法

在时间比较紧的情况下，可以尝试一下目录复习法。把书翻到目录，看一看哪些章节自己一看到目录，脑子里就能把这个章节的内容想起来，包括一些主要的公式、定理、例题的解法，与其他章节的联系等等。把这些很熟悉的章节跳过去，看看哪些章节目录显得很陌生，在复习时就把重点放在它们上面。直到最后，看到任何一个章节的目录，都能迅速地在脑海里浮现出它的内容。一般来说，目录复习法用于阶段总复习的时候。

2. 循环复习法

把学过的知识，每隔一段时间复习一次，这种复习方法叫做循环复习法。

在学完每一小节内容时，都及时地复习一遍，接着学习下一小节内容，然后将上一节内容和刚学过的内容一起复习一遍。依此类推，直到学完全部内容，将所有的单元都循环复习多次为止。

这种循环复习法对于记忆单词特别有用，尤其是要求在短时间内记住若干个新单词的时候，运用循环复习法往往可以得到良好的效果。大家可以把要记忆的单词分成若干单元，背完一组后复习一遍，再背下一组，等下一组背完以后，将前一组单词和刚背的单词重新复习一遍，如此一环套一环，直到全部单词记熟为止。

3. 由厚到薄复习法

复习时，一定要抓住书本的要点，也就是最精华的部分，舍弃一些可有可无的枝节部分。

每门功课，在我们开始复习时，总觉得内容是那么多。当复习到每章每节时，对它们的概念、公式、定理都要一一弄清，这时我们会觉得内容更加丰富了，书本似乎显得更厚了。但是，如果仅仅是做到了这一点，还是远远不够的。一定要想一想，这么多的内容，它们中什么是最重要最关键的，其他所有的知识都是为了这个核心的部分而组织的。只要将这些知识的精华抓住了，你自然会觉得，这门功课或这本教科书中，真正值得记忆的东西并不多，书由厚变薄了。

同学们也许一下子不容易理解，但请你们记住：在任何时候，都要牢记那些最本质、最主要的东西。

语文的复习要点

★将课文从头到尾朗读一遍。

★检查一下，是否所有的生字和生词，自己对它们的读音和意义已经搞清楚了。没有的话，赶快抄写几遍，直到会写、会读、会用为止。

★翻开笔记，看看这一课老师讲了什么语法要点，把困难的地方多看几遍。在课文中找出与这些语法有关的地方，画上记号。

★试着使用生字、生词或者刚学过的句型造句，最好尽可能多造几个。

★回忆一下老师在上课时讲到的课文的写作手法，试着用这种写作手法写一篇日记，或一篇作文。

★找一本与教科书配套的参考书，把课后的练习题做一遍。如果与参考答案不一样，想想为什么。

数学的复习要点

★打开笔记，归纳一下老师的讲课重点，以及自己难以理解的地方。花些时间，把这些重点和难点弄懂。

★把书合上，复述一遍上课时讲过的概念、公式、定理和基本结论。再打开书对照一下，自己漏掉了哪些内容，直到全部正确为止。

★找一到两本与教科书配套的参考书，将书上的练习题做一遍，检查一下自己哪些地方做错了。想一想是不是自己对课本上的知识理解错了，如果是这样的话，回过头来再把书上有关的部分重新复习一遍。

★把所做的练习按以下几类分别打上相应的记号：轻而易举地做出的；需要一点思索做出的；经过十分艰苦的努力才能做出的；无论如何也无法做出的。做什么记号，同学们可根据自己的喜好来定。但是，在下次复习时，一定要重新再做一遍曾经十分困难的练习题，直到所有的题都能轻而易举解出为止。

外语的复习要点

★大声朗读一遍课文。

★反复背诵生词，直到读音、词义完全正确、拼写无误为止。

★把课文中复杂的句子结构挑出来，记在笔记本上，把老师的分析也记在上边。认真地研究一下，直到牢固掌握为止。

★将课文从头到尾翻译一遍，看看有哪些地方自己仍不清楚，或者询问老师和同学，或者查阅参考书，一定要搞清楚。

★用老师教过的句型造句子，尽可能多造一些。

★把课文从头到尾背诵一遍,要求非常熟练。

★将参考书上的练习题做一遍,将做错的习题记下来,不时温习一遍,防止再次犯同样的错误。

【提示】

★在遗忘之前进行复习。

★课堂笔记尽量用自己的话重新整理。

★最好用图表等形式使学过的知识一目了然。

★学会看目录回忆学过的知识。

★使用循环学习法把学过的知识,每隔一段时间复习一次。

★把每个单元最精华的部分牢牢记住。

★多做练习。

怎样预习

【测试】

1. 你是否有课前预习的习惯?

2. 在假期休息和玩耍的同时,你是否预习过下星期或下学期的教科书。

3. 预习的时候,你是否在重要的和不懂的地方做上记号,并努力独立思考找出答案?

4. 你知道最好在什么时间进行预习吗?

5. 你是否把预习的重点放在你不擅长的科目上?

6. 你是否努力找出过去学过的知识和预习的内容之间的联系。

如果以上问题你的回答有两个以上"否",请认真阅读本节内容。

先下手为强

"先下手为强"的意思是说如果我们做一件事比别人动手得早,就很可能比别人要做得好。预习就是这样一件我们先动手做的事情。

常常有同学感到时间不够用,他们认为预习会浪费时间。其实,这种想法是非常错误的。预习对于那些觉得上课听讲很费劲的同学帮助尤其大，花一点时间用在课前预习上，我们就会知道老师下一节课要讲什么，哪些地方还不清楚，要在上课时仔细听讲的。预习了以后，我们再也不会害怕老师上课的提问了，因为预习时已经初步学过了一遍，我们会非常希望老师提问题时点到自己。这就是"先下手为强"的益处。

预习的时间

1. 课前预习

预习应尽量地安排在下一次上课以前。如果是预习数学，一般来说可能花费的时间长一些，精力多一些，最好是在上数学课的前一天放学以后进行预习，这样时间就可以充足一些。如果是预习语文或英语，除了前一天可以预习以外，还可以在上语文或英语课的这一天起床后预习。这一段时间我们的记忆力比较好，记起生词来快多了。

2. 假期预习

如果小朋友们在假期休息和玩耍的同时，为下周或下学期提前做好准备，那是最好不过了。同学们可以把下面要学的教科书拿过来，从头到尾看一遍，甚至将书里面的习题做一做，看看自己能够懂多少。

预习的步骤

预习任何一门课程时，一般都要经过如下步骤：

1. 看一遍教科书。查看一下这个部分讲了些什么内容，解决什么问题。必要的话，可以多看几遍教科书，一定要弄清楚预习内容里面有哪些概念、公式、定理，或者是讲了什么语法，举了哪些例子。

2. 回想一下过去学过的知识和预习的内容之间有无联系。想一想，预习的这部分内容里面有没有运用以往学过的知识？如果有的话，有哪些？

3. 把你认为重要的地方用笔画出来，如重要的句型，或者是重要的公式和定理。

4. 预习中不懂的地方应该做上记号，尽量地去找出答案，例如去翻翻参考书。经过思考仍然弄不明白的，可以向家长、老师或同学请教。当老师上课时讲到这些你不懂的地方时，一定要仔细地听讲。

5. 书里面的例题可以试着去做一做，看看你能不能用预习的公式和定理解出来，并且将解题过程和书上的对照一下，看是不是一样，如果不一样的话，是不是做错了？如果确实是做错了，错在哪里？

6. 有可能的话，也可以看一看参考书，也许参考书能为我们解决一些疑难问题。

预习时的注意事项

1. 预习的时间应离上课的时间比较近。有的同学提前一周就开始预习，等到上课时，预习的内容早就忘记了。这样的预习，时间花费了，但没有起到作用。前面我们讲过假期的提前预习，那是为了在假期里对下学期要学习的科目有个基本了解。如果是针对上课的预习，最好是课前一到两天进行，等上课时，我们还能回想起自己预习过的内容。

2. 尽管是预习，也要尽量努力思考，不要总是想着"老师会帮助我的"。因为只有我们独立思考的东西，我们才能记得很牢。

3. 课前预习不能只是草草地过一遍。如果我们只是随随便便地翻一翻书，那就肯定达不到预习的效果，结果只能是自己骗自己。

4. 把预习的重点放到不擅长的科目上去。越是平时学不好的科目，就越应该花更多的时间对它们进行预习，否则，我们和别人的距离就会越拉越远。对不擅长的科目多加预习，可以使我们更有信心，在听讲的时候也会更加带劲。

5. 用笔记下不懂的地方，把这些不懂的问题带到课堂上，看看老师是怎么讲的。如果老师没有讲到，就应该在下课时主动找老师请教，让他告诉你到底是怎么回事。讲完以后，你应该把老师的回答记在你作记号的地方，便于以后复习时查看。

语文的预习方法

1. 将课文默读一遍。这一点一定要形成习惯。

2. 凡是不知道是什么意思或怎么发音的生字，立刻去查《新华字典》或《现代汉语词典》。

3. 凡是意思不明白的生词或成语，一定要查词典，如《现代汉语词典》或《汉语成语词典》等。用笔把意思记下来。

4. 看看课文里有没有自己感到很陌生的句子，如果有，把它画下来。上课的时候注意听老师讲这些句子。

5. 试着把课文分成几个部分，想一想，每个部分讲了些什么意思。

6. 思考一下，课文总的说来讲了个什么道理，或者描写了一幅什么风景，还是抒发了一种什么感情？

7. 把书翻到课文后的练习题，试着回答一些问题，然后把答案记在笔记本上，等上课时看一看是不是和老师的答案一样。

8. 想一想这篇课文里有没有什么写作手法值得学习，把想到的记下来。有时间的话，试着用这种手法写作文。

数学的预习方法

1. 把第二天课堂上将要学习的内容先从头到尾地看一遍。

2. 在新出现的概念上做上记号，看教科书是怎样解释这些新概念的。

3. 认真地看一看新的公式、定理是怎么证明出来的，在证明的过程中，有没有用到过去学过的知识？如果有的话，有哪些？

4. 多看几遍书上是怎样解答例题的。

5. 把课本合上，看看自己能不能不看书将公式、定理证明出来，能不能把例题做出来？将自己的解答过程和教科书对照一下，看看是不是一样？不一样的话，区别在哪里，是不是对的？错了的话，错在哪里？

6. 预习的内容里面如果有不明白的地方，应该仔细思考一下。经过独立思考仍无法弄清时，应该把这个地方记在教科书或笔记本里，上课时看看老师讲到没有，如果没有，直接向老师请教。

外语的预习方法

1. 将要预习的课文朗读两遍。

2. 如果有不认识的单词，请查一查《英汉小词典》，把音标和词义记在课本上或笔记本上。

3. 如果有学过的单词,但以前这个单词的词义在预习的课文里讲不通,也应查一下《英汉小词典》,看这个单词有没有别的意思,哪一种意思比较合适。

4. 试着把课文里的新句型找出来,把它记在笔记本上。查一查参考书,看看这种新句型有什么用法。

5. 把课文从头到尾翻译一遍,有翻译不出来的地方,用笔记下来,上课时听听老师是怎么讲的。

6. 把课文从头到尾再读两遍。

【提示】

★ 预习应在上课前一两天进行。
★ 回想一下过去学过的知识和预习的内容之间有没有什么联系。
★ 预习中不懂的地方,应该做上记号。
★ 把预习的重点放在我们不擅长的科目上。

攻克考试关

【测试】

1. 你知道怎样进行考前复习吗?
2. 你的复习能结合考试要求吗?
3. 你能不能在考试前准备好必要的物品?
4. 你是否提前10分钟进入考场?
5. 你留心听监考老师的考试要求了吗?
6. 你会安排考试时间吗?
7. 你会安排做题顺序吗?
8. 你答题之前是否仔细审题?
9. 你答完题后是否仔细检查?
10. 你能做到答题清楚,书写规范吗?
11. 你在考后进行总结复习吗?

以上问题,如果有两个以上回答"否"、"不知道"、"不能"、"不会"或"不",那么你有必要认真阅读本节内容。

考试是检查我们学习成果的教学环节,我们要抓住备考、参加考试和考后总结复习三个环节。

1. 备考

搞好平时学习和考前复习是取得考试成功的关键。我们不要害怕考试,只要我们抓住这两个环节并且在考试时正常发挥自己的水平,我们就可以取得好成绩。

(1) 抓好考前复习

考前我们要把学过的知识详细系统地学习一遍;将它们弄懂弄熟,考试时我们就不会发慌、心里没底。

考前复习要全面系统,不漏掉任何一项知识和技能。我们可以将要考的课按知识要点系统地复习一遍,然后抓住其中的难点进行重点复习。比如语文课的复习主要着重字、词、语法、修辞、阅读理解、精彩句段等内容,我们先分类进行复习,然后再集中到困难比较大的方面进行复习,最后再重新系统地复习一遍。

考前复习要着重理解和记忆。我们先要将基本知识弄懂,掌握必要的技能和方法,然后集中精力进行记忆和练习,将复习效果搞扎实。复习过程中不要死记硬背和搞"题海战术"。要理解就要将各种知识联系起来进行记忆和思考;将知识的记忆和应用结合起来,不仅要知道是什么,而且要知道为什么和怎么做。在此基础上再反复背诵和练习。

考前复习要讲求方法,劳逸结合,科学用脑。太多的内容要分成几个部分进行复习,复习过程中精力要集中,要眼、耳、手、脑并用,还要注意复习过程中适当休息和锻炼,保证睡眠和营养。

(2) 了解考试场所和程序

事先我们要了解生疏的考试地点,弄清和熟悉考试程序,这有助于我们参加考试时不致慌乱。同时还要弄清考试题型,并做一些相应练习。正式的大型考试之前都有模拟考试,这有助于我们了解考试的难度和题型。一般的考试事先没有模拟考,不过我们可以回想一下以前这类考试的情况,并按考试的要求进行复习和练习。

(3) 做好考试的物质准备

考前一两天就应准备好考试要用的文具。按考试的要求选择合适的文具。比如有的考试要求用 HB 的铅笔,有的考试要求用蓝黑墨水的钢笔或圆珠笔等。如果不清楚，要及时问老师，不要等进入考场才发现缺这少那。

有的考试还要求有准考证。在领到准考证后要注意保存，不要弄丢或污损。

为了考试时方便掌握时间，还可以准备一块手表。另外还可以准备一块手帕和一盒清凉油，准备在考试时擦汗和提神时用。

2. 参加考试

（1）考前10分钟就应进入考场，在座位上坐好，检查一下桌椅和文具，使心情平静下来，做好临考准备。

（2）听好监考老师的考试要求，了解考试时间安排。

（3）拿到试卷后，要检查一下是否缺损。如果缺损，要及时要求更换和补充，然后按监考老师的要求填好卷头，包括姓名、学号、班级等。等监考老师说可以开始做题时，再正式做题。

（4）在开始答题之前，先要迅速浏览一下试卷的大体内容，按题目的难度、类型、数量大致安排一下答题顺序和时间分配。

（5）在答题时，要讲究答题策略。除非有统一安排，否则应从容易的题目做起，太难的题目可以先跳过去，留到最后再做。

（6）答题之前要先审题，看清题目要求，避免答错或跑题。想一想怎样答题。

（7）答题要按答题格式来答，没把握的题要先在草稿纸上做一遍。书写要清楚、整洁，不要乱涂乱抹。有把握的题书写要快。

（8）答完题之后要进行仔细的检查，发现错误要及时修改。检查可以从有把握的题目开始。除非有答错扣分的要求，否则应将所有的题目都写上答案。

3. 考后总结复习

考后应及时复习，将不会做的题目弄懂，将没有把握的题目的答案弄准确。如此查漏补缺，巩固对已有知识的掌握。

另外，还要认真听老师的考后讲评，加强对知识掌握的薄弱环节的练习和记忆。找出自己学习方法上的问题。

将考试后发现的知识上的难点和学习上的问题记下来，以备以后再考时注意。

【提示】

　　★搞好平时学习和考前复习是考试致胜的关键，只要抓住这个关键，我们就不会害怕考试。

　　★考前复习要全面系统、抓住重点；在理解的基础上进行记忆和练习；同时还要注重复习方法。

　　★考前可以进行模拟考或了解一下考试地点和方式，不要让意外事情影响考试。

　　★考前还要做好必要的物质准备。

　　★临考前10分钟就应进入考场，做好临考准备。

　　★要听清监考老师的要求，并按要求去做。

　　★考前要检查试卷，写清卷头，浏览试卷、确定答题顺序和时间安排。

　　★答题时要先易后难，不留空题，注意审题，讲究格式，书写清楚、整洁。

　　★答完题后要注意检查。

　　★考后要及时总结复习，查漏补缺。

五　学习中的错误行为分析

下面是一份学习习惯检查表,对照一下,看看你的学习中是否养成了不良习惯或行为:
1. 有固定的学习时间吗?
2. 有你自己的学习计划吗?
3. 学习时经常溜号、开小差吗?
4. 学习结束后,收拾书桌吗?
5. 有边看电视、或边玩边学习的时候吗?
6. 身边经常备有课外读物吗?
7. 有偏科的倾向吗?
8. 有边读书边思考的习惯吗?
9. 学习出现疲劳时还继续学习吗?
10. 学习细心吗?

学习准备不足

【表现】
1. 在新学期来到的时候,假期作业还没有做完,拼命赶作业,甚至抄袭同学的作业;没有备好学习用具;不知道新学期将要上什么新课。
2. 上学经常迟到、忘记带家庭作业。
3. 睡懒觉,因而常常来不及吃早餐。
4. 没有预习的学习习惯。
5. 经常出现钢笔里忘了吸墨水,上体育课没有换上运动鞋的情况。
6. 交作业的时候才发现,忘了做老师布置的家庭作业。

【分析】 学习准备不足的同学常常对学习的重要性认识得不清楚。他们不知道他们长大以后，在工作中必须用到过去在学校里学习的知识。现在不好好学习，以后就不可能过上幸福的生活。

学习准备不足，还可能是没有养成很好的学习习惯造成的。小学生一般天性都好动，往往把大量的时间用在看动画片和做游戏上，而不愿坐下来学习，更不愿去做学习的准备工作。作为小学生，你必须了解学习的重要性，做好学习的准备工作，使自己学习得更好。

缺乏学习计划

【表现】

1. 没有固定的学习时间，没有固定的看电视、做游戏时间。
2. 每天起床、睡觉都不定时，没有规律。
3. 除了完成老师布置的家庭作业以外，几乎不看其他任何学习类书籍，不做任何课外习题。
4. 对于自己学得较差的科目，不作任何补习。
5. 经常漏掉要做的家庭作业。
6. 每次学习都要大人催促，自己却打游戏机或看电视，迟迟不做作业。
7. 没有复习的习惯，直到考试前夕，才进行突击复习。

【分析】 缺乏学习计划的学生通常是学习积极性不高，他们认为学习是一种负担，将老师布置的作业当做一种任务去完成。除此之外，再也不愿好好地计划一下自己的课余时间，把它们用到学习上去。

事实上，只要制定了一个好的学习计划以后，是可以既能圆满地完成学习任务，又能有充足的时间痛痛快快地玩耍的。当我们遵守计划形成习惯以后，我们也许会感到，学习其实也是一件愉快的事情。不信，请试试看。

学习时间安排不当

【表现】

1. 在自己感到疲劳的时候学习。
2. 睡眠的时间不够。
3. 长时间地埋头做功课,经常连续两三个小时学习而不休息。
4. 很简单的作业,磨磨蹭蹭两三个小时还无法做完。
5. 在困难的功课上卡住了,也不转过头来做较容易的作业。
6. 不知道自己的最佳学习时间在哪里。
7. 只会利用整块时间学习,零零碎碎的时间并不珍惜。

【分析】 有的同学并没有意识到时间的重要性。我们大家拥有的时间一样多,但有的人能够做出一番大的事业来,有的人却一事无成,原因就在于有的人知道时间的宝贵,而有的人却在浪费自己的时间。

珍惜时间,还要善于利用时间。你可以在平常的生活和学习中巧作安排,把零零碎碎的时间积累起来;学会在自己脑袋最清醒的时间内学习,尤其应该做到不拖拖拉拉。

学习没有恒心

【表现】

1. 老师不布置家庭作业,就不再看书学习。
2. 学习计划制定以后,开始时还能坚持,过了一段时间以后就丢到脑后去了。
3. 遇到较为困难的练习题,不愿动脑筋去思考,只想抄袭别人的作业。
4. 学习时坐不下来,一会儿看电视,一会儿喝水,一会儿又要上厕所,待在书桌前的时间没有多少。
5. 兴趣转变得非常快,今天想观测天气,明天又想学习绘画,没

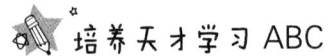

有一件事能够坚持几天的。

【分析】 小学生活泼好动,任何事情都想尝试一下,这是很自然的。而且小学生年龄较小,自控能力较差,常常不能坚持长时间的学习,或者严格执行长时期的学习计划,都是可以理解的。

必须知道:一个人三天打鱼,两天晒网,做任何事情都无法坚持下去,最终肯定是一事无成。我们应该尽早地锻炼自己,做事情要有始有终,一心一意。恒心是我们取得成功的基石,学习切不可虎头蛇尾!

幻想一步登天

【表现】

1. 在学习时,只注意自己的"速度"怎么样,不管自己是否弄清了学习的内容。
2. 在做练习题时,爱做难题偏题。
3. 基础知识和基本技能掌握不够。
4. 没有良好的预习和复习习惯。
5. 不注重教科书的学习,希望从参考书上找到学习的捷径。
6. 学习计划订得目标太高,使自己难以实现。

【分析】 学习必须循序渐进,这是一个基本的道理。也就是说,小朋友们必须认真地做好预习和复习工作,把所学的知识真正地"吃透"以后,再进行其他知识的学习。否则,前面的基础没有打好,我们学习起后面的知识将会越来越吃力。

订学习计划时也要考虑自己的条件和能力,目标太高,一时无法达到,不仅会影响学习兴趣,而且学习计划本身也可能无法再坚持下去了。

切记:适当看点参考书是可以的,但应该以教科书为主。在做练习题时,应该将基本题完完全全弄懂,在这个基础上再向难题发起冲击,一味去解难题偏题是不可取的。

学习中的错误行为分析

注意力不集中

【表现】

1. 上课或者在家里读书学习时，常常打瞌睡。
2. 在读书时只是被动地逐行扫视书上的文字，思想上并不集中，读了许久不知道书上是什么内容。
3. 上课时在座位上玩手指，玩文具，或者蠕动身体。
4. 学习时常常被外面的一些影响吸引了注意力。如鸟叫，别的小朋友做游戏的声音等。
5. 一边做作业，一边想着今晚的动画片节目。
6. 每次学习都不能坚持较长一段时间，不时找借口喝水、上厕所、出门。

【分析】 好学生通常都善于在课堂上注意听老师讲课，而成绩不好的学生，则常常不能把精力始终放在课堂学习上，容易分心，坐不住板凳。小学生们由于年龄的原因，注意力的转移非常快，而且意志比较薄弱，所以很容易出现"走神"的现象。

注意力的培养是小学阶段成功学习的一个重要前提。在有许多事物都同时吸引我们的注意力时，应该自觉地把注意力放到学习材料上来，或者专注地听老师讲课。而且，还应该注意，保持充足的睡眠，进行体育锻炼，不要在疲劳的时候学习，也是学习时聚精会神的有效保证。

抓不住学习重点

【表现】

1. 在上完课以后，不知道老师讲的重点。
2. 在考试时，感觉自己好像用错了课本，无法把所学的内容与考题联系起来。
3. 在复习时，所有的学习内容都平均地使用时间，平等地对待。

4. 在一些细微末节的内容上钻牛角尖，常常耗费大量的时间。

5. 不会记笔记。

6. 在考前复习时，不知道自己在哪些知识上有欠缺，而仅仅是将教科书或参考书从头到尾浏览一遍，没有重点。

【分析】 学习时，一定要明白一个道理，并不是所有的学习内容都同等重要。有些知识是我们必须牢牢掌握的，是我们学习其他知识必不可少的工具，而有的知识则只须了解就行了。

学会抓住学习重点，要求上课听讲或者自学的时候，应一边学习一边思考，分清哪些知识是最重要的，是我们解题时离不开的，哪些知识只是为了说明其他重要知识，仅需要我们了解一下的。

偏　　科

【表现】

1. 上某些科目的课程时兴致勃勃，聚精会神，而上其他课时无精打采，注意力不集中。

2. 课外学习时，对有些科目花费许多时间，做许多习题，而对另外的科目只是完成老师布置的作业，消极应付。

3. 有些科目的考试成绩一直很高，而有些科目的成绩则始终较低。

4. 上某些课时，害怕老师的提问，盼望早点下课，甚至对这些科目的任课老师有些愤恨心理；而上另外一些课时，心情愉快，甚至有些喜欢表现自己。

【分析】 对有些科目喜欢，有些科目不喜欢，这是正常，因为每个小学生的兴趣都不会一样，每个人的能力也不一样，而且每个人长大后从事的职业也不一样，所以努力的方向也可能都是不一样的。但是，不知你想过没有，如果一个人断了一条腿，他会怎么样？他走起路来会非常不稳，非常困难。学习也是这个道理。每门课程虽然都不一样，但对于小学生来说，却是同样有用的。缺少了哪个方面的知识，很可能使他们长大以后，面对有些问题束手无策。为了自己的将来，千万不要偏科！

没有思考的习惯

【表现】
1. 上课时只是带着一张耳朵听老师讲课，没有积极地思考。
2. 阅读时只是从头到尾读一遍而已，脑子里没有留下什么深刻印象。
3. 在遇到不会做的练习题时，不愿动脑筋去想，宁可去抄同学的作业。
4. 在日常生活中遇到不明白的问题时，不花时间琢磨，也不向老师和家长询问。
5. 学习新内容或者做完练习题后，没有总结或者记笔记的习惯。

【分析】　两千多年前的孔子就说过："学而不思则罔。"意思是说，只学习不思考，就会使人越来越迷惑。事实上正是这样，一个只是消极地读书学习，不积极思考，没有刨根问底精神的人是不可能在学习上有所收获的。

【提示】　在学习上要养成思考的习惯，学会在思考中弄清自己在哪些知识上有欠缺，从而加以弥补；学会区分学习内容的主要和次要部分；学会归纳总结，巩固所学的知识；养成独立思考，独立完成作业的习惯，不抄袭现成的答案。

死读书

【表现】
1. 只读教科书和参考书，基本不看课外书。
2. 很少参加体育锻炼。
3. 对书上讲的内容深信不疑，缺乏怀疑精神。
4. 不会从反面想问题。
5. 缺乏灵活性。当熟悉的已知条件改变时，不知道从哪里下手解答习题。

  6. 某些需要死记硬背的知识记得很牢固，但动手能力非常差。

【分析】 死读书是缺乏创造力的表现。小学时期是培养自己创造力的最佳时期，知识的学习仅仅是学习内容的一部分，而且欠缺的知识可以在以后的工作和学习中慢慢弥补，但创造力的培养必须从小就开始，要学会从多个角度来思考问题，在解决问题的过程中培养自己的动手能力，仅仅把学习局限在读书这一个方面是很不明智的。

【建议】 多参加一些绘画、手工和游戏活动，试着给故事加尾巴，给图画加标题，多动脑筋想一想一件东西的各种各样的用途。总之，我们在创造力培养上不能输在起跑线上！

"开夜车"

【表现】

  1. 放学回家后只记得看动画片，玩游戏，作业常常等到很晚了才开始做，往往拖得自己发困。

  2. 给自己多找了一些课外练习题来做，学习时间过长，熬到深夜。

  3. 考前非常紧张，复习旧知识，做各种复习题，常常学习到凌晨。

【分析】 偶尔因作业过多，学习到很晚，这是可以理解的，但是，无论是因拖拖拉拉而引起的"开夜车"，还是由于自己额外地增加了学习负担，或是考前的突出复习而学习到深夜，都是很不正确的做法。

  小学生处在长身体的年龄，睡眠非常重要，如果因为"开夜车"而导致睡眠不足，就会引起第二天以及此后几天的学习效率都不高的现象出现。最为重要的是，学习成绩的取得，不单纯是增加学习时间这么简单，同学们倒是应该找到自己最佳的学习时间，提高一定时间内学习效率的办法。如果是消极拖拉导致"开夜车"，就应该及时改正缺点，放学后早点做作业，做完作业后再一心一意地玩。

题海战术

【表现】

1. 买了许多的参考书，花了许多时间去做参考书上的题。

2. 所有的题都做，从来没有想过，在做的练习题中，许多都是同一类型的。

3. 许多偏题怪题耗费了自己大量的时间，其实这些题并没有多少实际用处。

4. 做完题后，很少花时间去归纳总结，只追求做题的数量，认为题做得越多，考试时遇到一模一样的题的机会就会更多，觉得这么做心里很踏实。

5. 除了学校的各种模拟考试试卷外，到处寻找各种各样的试题供自己练习，而且不加选择。

【分析】 "题海战术"是有些人追求考试得到高分数的结果。实际上，通过"题海"取得的高分数除了能证明自己在这次考试中的胜利以外，什么都不能证明。它不能证明你有创造能力，不能证明你的动手能力，仅仅能证明分数而已。而且用这种方式来取得较高的分数，也是十分笨拙的，明显地不合算，如果学会了把各种各样的习题归纳成不同的类型，掌握了不同类型习题的解法，那么就会以较少的时间达到同样的结果。把多余的时间留出来休息、游戏，不是挺好吗？

考前临时抱佛脚

【表现】

1. 平时学习不紧张，不按时做好预习和复习，寄希望于考试前夕突击一下，认为平时的复习不如考前的复习那么印象深刻，担心时间长了，学过的内容都忘了，平时复习了也白搭。

2. 考试前异常紧张，希望在几天之内就把一个学期所学的内容全部都装到脑子里去，大题量做练习题。

3. 考试前夕有猜题的习惯，存有侥幸心理，以为自己有可能猜中考试题，可以少花力气。

【分析】　学习是一个需要有多次反复的过程，那种希望一次突击就能掌握学习内容的想法是非常不可取的。知识只有在多次的复习中才能真正地被自己消化。

注意：期中或期末考试往往是对一段较长时期内学习内容的检查，纵使突击复习或猜题侥幸成功，也不能说明自己学得有多么扎实。冰冻三尺，非一日之寒，学习，还是应该一步一个脚印。

粗心大意

【表现】
1. 经常听错老师布置的家庭作业，或忘了做某些家庭作业。
2. 在做作业或考试时，总是犯些小错误，不能完全正确。
3. 写汉字时，经常少写或多写了笔画。
4. 计算题总是算错，应用题倒没有什么问题。

【分析】　粗心大意很可能是注意力不集中造成的，也可能是知识间的相互干扰形成的，也不排除存在学习障碍的可能，但归根结底是由于没有养成严肃认真的学习习惯。必须认识到，一旦粗心的坏毛病根深蒂固了，小则会给我们的生活带来麻烦，大则可能给国家和集体造成巨大的损失。

对于我们因粗心大意而犯的错误，坚决不能姑息，写错的汉字一定重写几遍，算错的算术题一定再算几遍。做作业和考试时，养成检查的好习惯，坚决改掉粗心大意的坏毛病。

疲劳时学习

1. 什么是学习疲劳

当经过一段时间的学习后，如果感到头昏脑涨、打瞌睡、无精打采,写字时间长了胳膊很酸,手指不灵巧,注意力不集中,学习速度慢下来,经常出错,心情烦躁时,就基本上可以肯定,你遇到了学习中的疲劳。

如果感到疲劳后,仍不休息,继续进行学习的话,很可能使学习的效率降低。如果经常在疲劳的状态下进行学习,将导致小学生的身体健康受到影响,严重的话还会造成疾病。因此,切不可轻视了疲劳,当然,也不要过分担心。只要掌握了适当的方法,疲劳是不难克服的。

2. 改善学习环境消除疲劳

(1)光线要充足。房间光线太亮或太暗,都会影响我们的视力,长时间在强光或暗淡的房间里学习会使我们的眼睛感到疲劳。

(2)桌椅高度要合适。桌子太高,椅子太低,或者桌子太低,椅子太高,都会给读书写字带来不便,容易产生疲劳。

(3)学习环境宜通风,房间里空气清新,可以使学习时精神振奋,不易于感到疲劳。

3. 睡眠要充足

小学生正处在长身体的阶段,睡眠一定要有保证。睡眠充足的话,学习起来容易感到注意力集中、学习速度快、出错率低。睡眠不足的人在学习过程中容易产生情绪低落,心情烦躁,学习效率低等现象。

一般说来,小学生每天应保证有 10 个小时的睡眠时间,以保持良好的健康状况和学习效果,防止疲劳的产生。

4. 选择最佳的学习时间

在一个星期内,往往是星期二、三、四我们的学习能力较强,到星期五后开始下降。你可尽量把比较难的学习任务在星期二、三、四中完成,这样的话,学习情绪较高,产生疲劳的机会也较少。

在一天中,早晨醒过来后的一段时间和上午 10 点左右、下午 3 点左右、晚上 9 点左右是最佳的学习时间,这时候学习效率较高,能在短时间内完成较多的学习工作。

5. 学习负担应该适当

有的同学或者出于好胜心理,或者因为父母的压力,往往学习负担过于沉重。实际上,学习任务太多常常会使小学生感到紧张,学习兴趣低落,因而容易引起疲劳。正确的做法应是科学地安排学习计划,使每天承担的学习任务都能在自己的能力范围以内完成,而且学完以后依然保持着浓厚的学习兴趣。

还有另外一种情况，有的学生不愿意完成一些较困难的学习任务，时间一长，就形成了这样一种习惯：一见到困难的作业，就无精打采，感到劳累。事实上，人的大脑是越用越灵的，困难的学习任务能够锻炼我们的大脑。经常学习一点较难的内容，会使我们产生求知的兴趣，久而久之也就不感到疲劳了；相反，倒会产生一种战胜困难的喜悦感。只要这些较难的学习内容在分量上适当，小朋友就应该勤于动脑。

6. 学习内容应该交替进行

有个长时间学习而不感到疲劳的好办法，这就是学习时，可以不时地变换一下学习内容，当学习某一科目感到有点疲倦时，可以及时地拿起另一科目的书籍进行学习。不要长时间地学习单独一门功课。譬如，学习一段时间的数学后，可以做做生物标本，之后背背外语单词，再看看科幻小说，然后再回到数学上来。这样交替学习不同的科目，既保证了较长的学习时间，又能防止疲劳的产生，这一做法尤其适合于在复习考试前实行。

7. 坚持体育锻炼

长期坚持体育锻炼，可以使我们养成健康的体魄，从而更好地进行学习。毛泽东爷爷在年轻的时候，一年四季都洗冷水浴，从不间断。他还形成了登山的锻炼习惯，即使在暴风雨的天气里，也照旧登山不误。因此，他能够经常彻夜学习和工作，有时候他整夜坐在桌前写文章，写好后修改一遍，又赶在天亮之前把文章油印出来，第二天又四处散发，从不感到疲倦。这种高强度的学习工作没有影响他的身体健康，正是长期坚持体育锻炼的结果。

体育锻炼还能培养我们坚强的意志，以大无畏的勇气战胜学习中的疲劳，使我们在学习中保持较好的精神状态，顺利地完成学习任务。

除了早晨进行早锻炼，练一练跑步，或者做一做广播操以外，在学习的间隙也可以进行适当的锻炼，活动一下身体，做做眼保健操，或者干脆骑上自己的小自行车到院子里兜兜风，也可以出去散散步。当感到头脑清醒，精力充沛，疲劳烟消云散的时候，你就可以回家继续学习下去了。

学习中的错误行为分析

驻足学习"高原"期

　　学习过程中，人们常常会有这样一种感觉，当学习一段时间，取得了较大的进展后，学习速度开始变得缓慢，甚至停滞不前，学习效率也开始降低。就好像费了许多劲爬上了一个很高的坡度以后，发现自己离顶峰还十分遥远一样。我们把这种现象称为"学习高原"现象。

　　出现这种现象是不奇怪的。因为学习开始时的内容一般都比较简单，学习起来自然很快了，而且在开始阶段小朋友们对学习的内容感到新鲜好奇，学习的劲头很大，自然感到进展神速了。等到学到后来，内容变难了，新鲜感也没有了，自然就感到有些吃力了。一般来说，学习新课后的第三个星期之后，很多人就可能感觉到这种学习上的停滞不前。这种感觉，短的只有几天时间，长的有可能是几周、几月，甚至一年以上。

　　当感到学习进展缓慢时，你可以采取以下方法：

　　1. 如果是因为疲劳和厌倦而出现了学习上的停滞不前，就应该果断地放下书本，停止学习，休息一会儿，去参加一些文体活动，如唱歌、野营、踢足球等等。或者放一段自己喜欢的音乐听一听，也可以看一看连环画或少儿杂志，直到疲劳和厌倦消失为止。

　　2. 如果是基础知识不扎实而使自己学起新的内容来感到困难，可以找出自己不懂的问题，带着问题回过头来看一看过去学过的内容，有哪些与当前的学习有关的，重新学习一遍，直到过去的学习内容全部弄懂为止，这时再进行新内容的学习，将不会再有困难。

　　3. 如果是过去使用的学习方法不能适应学习新内容的需要，就应该在学习方法上动动脑筋，看看学习的新内容有哪些特点，自己的学习方法有哪些地方不适应这种特点，找到了就马上改正，试着用新的方法来学习。经过一段时间的摸索以后，你自然就能克服学习中的困难了。

　　4. 如果是自己各方面的能力不适合学习内容的要求，就不应该强求。常常见到许多小朋友没有音乐的天赋，却苦练钢琴，没有什么收获，也浪费了时间。诗人艾青年轻时在杭州的一个艺术学院学习美术，没有取得什么成绩，而他却日渐显示出文学创作的才能。当他的诗作发

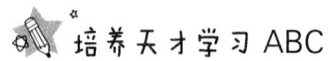

表后,他就重新选择了学习的目标,从此从事诗歌写作,最终成了一名极其了不起的诗人。

学科好恶

在一些同学的心目中,常常存在着这样的想法:哪些科目是我所喜欢的,哪些科目是我所不喜欢的。通常,对于自己喜欢的科目,能够认真听讲,按时完成作业,积极回答老师提出的问题,而对于不喜欢的科目,则学习热情不高,对课堂的讨论也显得很不热心。小朋友们的这种想法和做法都是错误的,必须加以改变。

1. 如果是因为几次考试成绩不理想就认为"这门课太难了,看来我是学不好了",那么,就应该在心里对自己说:"不!我一定要学好这门功课,我要让老师因为我回答问题正确而表扬我,让同学因为我考试成绩好而羡慕我。"除了为自己加油以外,你还应该回到这门功课最开始的地方,从最基础最容易的部分学起,一点一点地向前推进,不要急于求成。学习一点,巩固一点,不断地增加学习信心。等有一天发现你也能听懂老师上课的内容时,你就再也不会感到自卑了,你会真正意识到:"我也能学好这门课!"

2. 如果是因为某一科目的老师批评过自己,就认为老师不喜欢自己,从而也开始不喜欢这位老师所教的科目,那么,你就应该仔细想一想,自己到底有哪些缺点?老师批评得对不对?如果批评得对的话,就不应该因为老师批评自己,而不喜欢这位老师所教的那门课。如果老师批评得不对,对你确实有些误会的话,你应主动向老师解释说明。即使个别老师确是有意刁难你,你也应该认识到,你不能因为某一位老师的原因而不喜欢甚至不学习这位老师所教的科目,因为小学阶段的每门功课,对小学生都有着重大的意义,是小朋友们以后继续学习的基础,仅仅由于与老师关系紧张就自暴自弃,是非常不明智的做法。

六　掌握一般的学习方法

【测试】
1. 你是否善于运用各种学习方法去进行学习？
2. 你能否说出学习中经常使用的一、二种学习方法？
3. 你知道什么样的学习属于"举一反三"吗？
4. 你平时重视学习有关学习方法的知识吗？
5. 你知道学会学习最主要的就是要掌握好学习方法吗？
6。你知道"工欲善其事，必先利其器"这句话是什么意思吗？

小学阶段除了要学习各科知识之外，掌握好学习方法十分重要。就像人要过河得有桥或船一样，学习方法就是要到达知识彼岸的桥和船。学好知识有各科的学习方法，也有一般的学习方法，掌握好这些方法，不仅有助于你现在的学习，而且会使你终生受益。我们处在一个学习化社会，学会学习，即掌握学习方法比多学些具体的知识更为重要。

运用正反对比法

学习时，把正、反两方面进行对比，看看两者之间的关系，这样既丰富我们的知识，又加深对所学东西的理解。

学习字、词时，运用对比法，丰富我们的词汇量。比如：白与黑、冬与夏、冷与热、大与小、胖与瘦、长与短、宽与窄等都属于词的对比；当机立断与优柔寡断，大公无私与自私自利、井井有条与杂乱无章、失道寡助与得道多助，海角天涯与近在咫尺等属于成语对比。

数学学习中，经常会用到这种对比。比如加与减、乘与除、正与负、乘方与开方、直线与曲线、锐角与钝角、奇数与偶数等。

英语中这种对比关系更是不胜枚举。如good（好）与bad（坏）、

long（长）与 short（短）、big（大）与 small（小）、beautiful（美的）与 ugly（丑的），man（男人）与 woman（女人），boy（男孩）与 girl（女孩）等，这些都是对比关系的例子，运用对比法，有利于单词的识记。

考虑问题时要以正、反两方面来进行。

有这样一个例子：一天晚上，某人正躺在被窝里津津有味地读着一本书。他的妻子把电灯关了，径自睡觉。尽管屋内漆黑一团，他仍然手不释卷，越读越有味，第二天早晨还有头有尾地把书中的故事讲给别人听，原因如何？

如果我们考虑他可能借用其他的光，如月光、手电筒光等来读书时，这种思考方式往往是不太具有说服力。如果我们换与其对立的角度来考虑，这读书人不是正常人而是盲人，他读的书是一本盲文书，那么这个问题不就迎刃而解了吗？

【提示】 学习语文、外语字词时，善于用对比法，数学中的运算也要对比进行，除此外，历史事件中的正、反两方面的人物、事迹也要对比进行记忆。不管任何课的学习，最主要的是用对比的思考方法。

由此及彼法

由此乃彼，是从这推导到别的地方（主要用联想）的方法。比如由三角形推导到四边形、五边形、多边形，也可以由三角形推导出三个内角和为 180°等。由此及彼是一种应用非常广泛的方法。下面我们谈一下学习中该如何应用它。

1. 从事物用途方面进行推导。

比如书可以用于写字、画画，还可以当尺子，画直线。桌子既可以用于看书、写字，也可以用于娱乐（比如打扑克），还可以用于吃饭。一件东西的用途是多种多样的，有常规用途（比如尺子可以用来画图），还有非常规用途（比如尺子可以当夹书板，可以当教鞭用，也可以用作缠线板等）。

2. 从事物所处的空间关系进行推导。

比如桌子与椅子、钢笔与墨水、家和门等。还有，当提到房子，自然就会想到窗、门、电灯、电话、电视、桌子、椅子、沙发、床……当提及学校，眼前就会浮现出老师、同学、教室、操场等。

3. 从邻近关系的概念进行推导。

比如，当提及数学，就会想到语文、外语、自然、地理等，由自然数想到整数、分数、小数等。由算术想到几何。由识字想到读古文。由傻笑想到眉开眼笑、哈哈大笑、讥笑、苦笑、皮笑肉不笑……由春天想到夏天、秋天和冬天等。这些都是概念相近，共存在于一个大范围中。

4. 从因果关系进行推导。

比如，由下雨想到地湿，由生病想到住院等。

古代诗人用因果关系句写出许多脍炙人口的许多诗篇。比如古诗中的"不识庐山真面目"与"只缘身在此山中"；"夜来风雨声"与"花落知多少"；"不知细叶谁裁出"与"二月春风似剪刀"；"野火烧不尽"与"春风吹又生"等。

数学中加法与进位、减法与借位、正方形与四个角都为直角等，都是因果关系的例子。

英语中有许多表达因果关系的连词，我们应该记住，比如 since（因为），because（因为、由于），for（由于）等。

因果关系处处存在，但我们需要注意的是一果多因和一因多果的情况。如上课迟到，原因可能是起床晚，也可能是路上自行车坏了，也可能记错了时间等；起床晚可能吃不上早饭，也可能耽误上课，也可能不能早读课文、背单词等。

【提示】　从事物的用途、空间关系、邻近概念、因果关系中进行推导，达到由此及彼的目的。

快速记忆

快速记忆，是在极短的时间内，运用恰当的方法，达到记忆的目的。这些有助于记忆的方法细分起来有：谐音法、口诀法、兴趣法、系统法等。

1. 谐音法：利用谐音来帮助记忆的一种方法。比如：

大运河1794公里，记为大运河一气就死；

$\sqrt{2}=1.41421356$，记成衣食一事尔要散勿留。

这种方法主要用于记忆一些历史年代，数学中的数字等。运用这种方法，这些材料便于在大脑中贮存，易于回忆。

2. 口诀法：把记忆的材料编成口诀或押韵的句子来提高记忆效果的方法，叫口诀法。数学中的九九表就是一例。

我国南宋、齐年间的大数学家祖冲之，儿时对经书不感兴趣，但从小伙伴那里学到了关于月亮变化规律的歌诀：

初一看不见，初二一根线；

初三初四镰刀月，初七初八月半边；

一天更比一天胖，直到十五月团圆；

十七十八月迟出，廿二半夜见半圆；

一天更比一天瘦，廿九三十月难见。

他很快记住了这支歌诀。后来对天文历法越来越感兴趣，终于成为一名著名的科学家。

3. 兴趣法：人们在兴趣浓厚的条件下，记忆效果最佳。

德国大诗人、思想家歌德说过，"哪里没有兴趣，哪里就没有记忆。"许多时候，不是我们记忆力不好，而是缺乏兴趣。有些小朋友记不住老师讲的内容，却能滔滔不绝地讲西游记的故事，把唐僧一路取经所经过的地点、所发生的事件，几乎毫无差错地讲出来。这说明他对故事感兴趣，而对学习不感兴趣。做智力游戏，编故事，诗词与歌曲结合起来的做法都便于对所学东西产生兴趣，有助于记忆。

4. 系统法：把所学知识进行系统整理，建立起新旧知识之间的联系。比如学会整数后，我们归纳出其知识图：

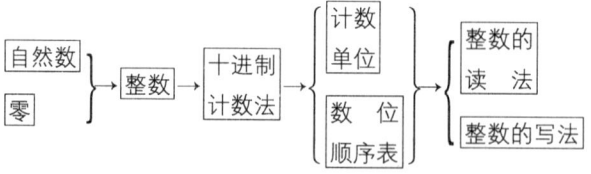

这样，我们就把整数这部分内容串联起来，便于在大脑中记忆。

【提示】 谐音法、口诀法、兴趣法、系统法都是增强记忆的有效方法。概括讲谐音法——音同而意趣；口诀法——顺口成章；兴趣法——寓记忆于兴趣中；系统法——记忆库中是空间立体结构。

明察秋毫

明察秋毫，原意是能看到秋天鸟兽身上新长的细毛。这里指目光敏锐，观察事物细致，连极小的事物都看得清楚。

如何才能做到明察秋毫呢？

观察时要抓住事物的基本特征。比如直角，其主要特征是两直线互相垂直而构成的角，不要受两直线位置的影响。

观察要细致、准确。当家中突然来许多人时，我们往往无法将他们区分开来，而把他们看成是千篇一律的模样。但如果我们再仔细观察，就发现他们之间的不同，如有的是高个子，有的是矮个子；有的胖，有的瘦；而且脸型也不一样，有瓜子脸、圆形脸、国字脸、椎形脸等，这样我们就会把他们逐一区分开来。

有时我们写字时，常常少写或多写了笔画，计算时漏了项或点错了小数点等，这并不都是因为不会，而是因为粗心大意所致，是由于我们观察不准确造成的。

观察准确表现在从事物的表面现象判断其内部发展的规律。如我们看到闪电像树杈一样在天空中闪动，雷声隆隆自远而来便可以判断：雨将要来临。我们甚至会更准确地观察到远处的闪电和雷声不是一齐传过来。

【提示】 观察要抓住主要特征，而且要细致、准确。

有效阅读

1. 对关键的字、句要弄清楚。

课本中许多概念、材料等都是通过字、词、句来表达的，如果不弄清这些字、词、句的准确含义，就难以对这部分内容理解清楚。有时一字之差，意义就完全不同。如数学中"除数"和"被除数"，"增长到"和"增长了"。

2. 边读边想。

不急于求读得多、读得快，关键是读得全面、准确。要做到这一点，就得边读边想。中国古代伟大的教育家孔子曾说过"学而不思则罔"，意思是（一个人）只是读书，但不积极去思考，就会迷惑而无所得。这里的"想"并不是毫无目的的"乱想"，而是结合所读内容，与实际生活、与以前的知识进行想象，有时，应用自己的推断能力，预测故事发展的情节和结局，预测科幻故事中未来是什么样子等。

3. 阅读中的"迂回战"。

如果在阅读中遇到"拦路虎"——不能理解的字、词、句、章节，怎么办？一般情况下，应停下来，细细地把这些不懂的地方通过查字典，翻看其他参考书给抠清楚。如果自己反复思考而不得其解时，就该打"迂回战"，回过去看以前学过的与此有关的章节。如果这样还不行，就干脆把看不懂的部分跳过去，一边往下看，一边捉摸前面的含义，往往会突然受到启示而"顿悟"。通过自己思考而得到的知识，比字典或其他参考书上得来的知识记得要牢。

4. 反刍。

所谓"反刍"，就是在看完一节教材后，合上书将教材中的要点、基本原理和典型问题，像牛反刍那样，重新"吐"出来加以咀嚼、消化。俗话说得好："想得清楚的人才能说得清楚，说得清楚的人才算想得清楚。"所以把知识重新回忆一下，复述出来，也是提高阅读的一种好方法。

【提示】　阅读时要弄清关键的字、词、句，通过边读边想、反刍、打"迂回战"等方法，达到阅读能力的提高。

系统学习

系统学习，是指充分利用我们的眼睛、口、大脑等进行全面地学习，包括先看，后提问，再阅读和背诵，最后进行复习。这种方法的各阶段分别是：

1. 浏览。当拿起一本书，不要一章一章地读，先大体浏览一下，了解全书大体讲什么内容，如果是你感兴趣的，或符合你所要学的，就接着做下面几步，否则，就另选其他书。

2. 当你浏览完这本书时，要记下其中的有些问题，带着问题去阅读。同时提出自己的一些观点。

3. 阅读。阅读时，一边对照问题和自己的观点，一边与所读内容进行比较。每部分内容在整篇内容所占的比重是不同的。要分清主次。其次，每章节都有个中心主题，要抓住中心，还要把某些论点和论据记住。

4. 背诵：这里的背诵，并不是逐字逐句地把全部内容都记下来，而是对每章节的关键部分进行重点记忆。如果是难度一般的一本书，通常要阅读和背诵四五遍。重复容易引起厌倦，但如果每次都变换方式，去积极主动地读、背，且每次都给自己提出不同的目标要求，那么每重复一遍，你定会觉得受益匪浅，而且也会增加自信心。

5. 复习。复习不仅仅是期中、期末考试时才做的事情。对需要记住的东西，需要在大脑中反复温习，这样记忆力才会越来越强。每次课后都要对老师讲的内容进行复习。每读完书中一段后，也要反过来进行复习。为了不使新学的东西遗忘，应采取经常复习的方法。每次复习可采取不同的方式，如每节、每章内容的复习，所学内容的总复习等。考试前应特别注意学了很久的东西，复习时，新旧知识结合进行。

系统学习方法在不同学科有不同的应用。如外语学习中，阅读和背诵（尤其是背诵）是非常重要的，因为习惯用语、单词是靠多读、多记才能掌握牢的。而数学学习中，提问、思考、复习是很重要的，当然数学公式、运算律、九九表都需要记忆，但主要已不是背诵，而是多思、多做。

【提示】　观察、提问、阅读、背诵、复习构成了系统学习的整个过程，各部分相互联系。学习时根据不同学科，有侧重地运用这种方法。

关系学习法

关系是指事物间的相互联系。关系学习法就是借助于学习材料之间的关系,达到更进一步理解材料的目的。它包括大小关系、相等关系、并列关系、交叉关系学习法。

1. 大小关系:我们这里所说的大小关系。并不指外观的大小(如大猫与小猫),而是含义上的"大与小"。比如直线是由点组成,那么我们称直线(大)与点(小)的关系是大小关系;再如线与面,三角形的内角和为360°与n边形的内角和为(n-2)×180°之间都是大小关系。

2. 相等关系。指两者在意思上完全相同,只是表述的方式不同。如语文中的"人"与外语中的"people";数学中的"相等"与"="号,"相乘"与"×","圆周率"与" ",列方程、解应用题是以相等关系为基础的;语文中的"母亲"、"妈妈"和"娘";"父亲"、"爸爸"和"爹";英语中的"look"(看)和"see","listen(听)和hear"等,都是相等关系的例子。

3. 并列关系。就拿概念来说,逻辑学上称为同位概念。如哥哥、姐姐、弟弟、妹妹;男人、女人、好人、坏人等。数学中的加、减、乘、除、乘方、开方;三角形的面积、四边形的面积、圆的面积、扇形的面积等。

4. 交叉关系。两事物之间既有相同性,又有不同的地方。比如,图A和图B中,都包含1、3、5,但图A中不包括图B中的7、9、11,而图B中不包括图A中的2、4、6。

$$\boxed{1\ 2\ 3\ 4\ 5\ 6} \quad \boxed{1\ 3\ 5\ 7\ 9\ 11}$$

图A 图B

【提示】 大小关系、相等关系、并列关系、交叉关系是把我们大脑中的知识联成网的方法。通过这些方法,使我们所学的知识不再是孤立的、无关的知识。

掌握一般的学习方法

浮想联翩的妙用

浮想联翩，比喻想象的事物接连不断。浮想联翩法，是借助于想象的翅膀，在知识的海洋中翱翔。那么，如何才能插上会"飞"的翅膀呢？

1. 把人和事与大自然相对比，进行想象。古代许多大诗人，就是采用这种方法，写出了许多不朽之作。如"不知细叶谁裁出，二月春风似剪刀"，"窗含西岭千秋雪，门泊东吴万里船"，"感时花溅泪，恨别鸟惊心"。我们在写作时，要善于应用这种想象。比如：春风像什么？春风像一位高明的画家，给大地绘上艳丽的色彩；春风像一个妩媚的仙女，迈着轻盈的步子来到人间；春风像一个调皮的小孩，搅乱了池水，吵醒了昆虫……这些都是"浮想联翩"的例子。

2. 把人和动物相结合，进行想象。在科幻故事中，经常有种"魔法"无穷的超人。他不凭借任何器械和工具却能飞行，靠意志和力量升入天空，能跨越时空，在瞬间改变自己的外形；能在水下呼吸，会隐身术穿墙而过，有的永生不死，等等。这些特异功能，是作者靠想象创造出来的。他把鸟的"飞"，鱼的"游"等安在人的身上，创造出"超人"的形象。还有我们所熟知的七十二变的美猴王、长嘴大耳的猪八戒，脚踩风火轮的哪吒，美丽的鲤鱼精，展翅飞跑的神马等等，都是人与动物相结合的产物。

3. 将动物与植物之间进行比较，也可以想象出许多"新"形象。这些新形象固然怪诞，但却是具有独创性的。比如，我们画画时，把动植物的某些部位粘合在一起，构成一个新形象，蛤蟆头或飞鸟头，树杈形的手、鹰爪脚、大老鼠的尾巴所组成的一个"特殊"的动物。还有将长颈鹿的角、鸭的嘴、公鸡的尾巴、骆驼的背、熊掌作前掌、羊脚为后掌所组成的三脚怪兽。这些形象虽然古怪，却是使我们浮想能联翩的源泉。

【提示】 把人与自然、人与动物、动物与植物进行对比想象，是我们想象的源头得以滚滚活水到来的基础。

迁移效果

所谓迁移效果,是指一种学习对另一种学习产生好影响的效果,或一门功课的学习对其他周围的功课产生好影响的效果。

我们学习成绩的提高,是必须各门功课的成绩都普遍提高才能实现。因此,我们得让一门喜欢的功课冒尖,然后用"迁移效果",带动其他门功课。一般来讲,数学学得好,将来理化课程就易学;语文学得好,与它有关的外语、历史、自然等课也更加容易学好。

因此,就要把擅长的功课作为学习重点,突出它的优点以带动另一门功课。如果有一门功课取得好成绩,就会增加我们的自信心。如果擅长的功课增加到两门或三门,那么我们的自信心进一步加强,学习热情会更加高涨。对不擅长功课的恐惧心理也会慢慢消失,以至使各门功课成绩全面提高。

就是在一门课中,也存在"迁移效果"。在语文学习中,识字部分有些字的偏旁部首代表的含义,可以迁移到其他字。如杆,是一种木制的杆,那么利用迁移效果,可推知,带木字旁的字都与木头有关,比如松树、杉树等;"讠"字旁与说话有关,比如,语、诋等。当然,有时这种迁移未必正确,如让、记就与说话无关,我们可以通过迁移法,来猜得其中的含义。

使用这种方法时,要注意不良迁移的影响。并非所有的迁移都是正确的,有些是错误的。比如我们初学同分母分数加法时,经常会出现分子相加和分母相加的错误,就是以前学习过的整数加法带来的不良迁移。

【提示】 一门课学得好,会影响、带动其他课的学习。同一门课中,有些内容的学习对另外内容的学习会产生影响,但我们必须防止不良的迁移效果。

拆卸学习法

把所学内容，进行划分，变成几小部分，然后再逐一推敲的方法。"拆卸"只是一个比喻，例如科学家要研制一种新的机器，就必须对原有的机器，包括类似的机器进行了解，了解它每一个小部件的构成性能以及制作方法。只有把它拆卸开来，才能了解它的全部，了解它的优、缺点，从而对它进行创新。学习一篇文章、一节内容，也应像拆卸机器一样，把它细分，这样才能全面、准确地掌握知识。那么该如何拆卸呢？不同学科有不同的要求，即使是同一学科，内容不同方法也不一样。

学习一篇文章，拆卸的方式是：它是怎样开头的？怎样过渡的？怎样结尾的？如何布局的？如何使用材料的？书中的人物应各有各的性格，言谈举止如何性格化的？要了解以上几点，只有把这篇文章的全部内容再进一步加以"拆卸"，逐章、逐节、逐段、逐句、逐字地进行分析。

数学学习中，也经常用这种方法。比如分数这一部分内容，我们可以把它拆分为分数的意义（包括分数单位、分数与除法的关系）、分数的大小比较、分数的分类（真分数和假分数）、分数的基本性质（约分、通分）、百分数（分数、小数、百分数的互化）。然后对每一部分进行逐一学习，这样才能达到对分数的全面理解。

以上仅就语文、数学学习为例，来看这种拆卸方法的应用。实际上，它还可以应用于其他学科的学习。

【提示】　拆卸学习法，是将学习的材料进行拆分，分成许多小部分，通过对小部分的学习，达到整体理解的目的。

锥形学习法

锥形学习法，是指集中精力持续不断地获取知识的一种学习方法。这种学习方法是一个比喻。知识的专一性像锥尖，精力的集中如用锥子的作用力；时间的连续性好比是不停顿地使锥子往前钻。这种学习方法，表现出一种一鼓作气的态势。就像烧开水一样，烧一壶开水，如果断断续续地烧，一万斤柴也烧不开，如果连续烧，十斤柴就够用了。那么，怎样才能使这种方法有效呢？

切不可"一心二用"。有些同学认为"学习时，不开收音机或盒式录音机就不安心。精力就不集中，边听音乐边学习，能够提高效率"。岂不知，收音机、电视机发出的声音固然比噪音好听，但一旦它吸引了人们的注意力，就会产生不良影响。因为人们对音乐感兴趣时，就会不自觉地倾听，因而精神就会散漫。

为了集中精力，可规定在一定时间内要完成的任务。比如半小时内记多少个单词，一上午读多少篇文章、做多少道数学题等，这样一旦形成习惯，学习效率就会提高。

【提示】　锥形学习法，要求对所学东西集中精力，一气呵成。为此，学习时切不可"一心二用"，在规定时间内制定学习目标，还要多做些测试题，以提高注意力。

循序渐进

循序渐进学习法，是指一步一步进行，日积月累，不可超越的学习方法。荀子在《劝学》篇里说："不积跬步，无以至千里；不积小流，无以成江海。"这段话充分体现循序渐进的结果。这种方法要求我们学习时要注意：

不要越级，要按课本要求进行。由浅入深，由点到面，而且还要加强新旧知识间的联系。

我们的认识是有规律的，由不知道到知道，由知道不多到全面理解。因此，读书时要一章一章地来，一本一本地读。切不可因读几本书，就幻想自己什么都知道。"井底之蛙"就说明了这种以偏概全的毛病。

循序渐进学习法，更主要是结合自己的实际进行。切不可超越自己的能力范围。本来你体育成绩很差，却幻想当一名运动员；绘画能力很差，却梦想成为画家。这都是些不切合实际的想法。我们首先要正确认

掌握一般的学习方法

识自己，认清自己的长处和不足，扬长避短，制定切实可行的目标，不要盲目追求不能达到的目标，这样会挫伤自己的自尊心，常常是欲速则不达。"揠苗助长"也从反面告诫我们，无论干什么事情，都要循序渐进。

循序是方法，渐进是目的。循序不是"作茧自缚"，渐进不代表畏缩不前，要克服学习上那种好高骛远和不求进步的倾向。

【提示】　千里之行，始于足下。学习从头开始，脚踏实地，一步一个脚印地进行，要遵循知识组成的规律、人的认识规律，还要结合自己的实际进行。

循环学习

人们在学习新知识后，如果不及时复习，就容易遗忘。循环学习法就是在刚学完新知识后，而新知识还没有被遗忘前，及时地进行复习、巩固。有时需要多次加以复习，使新知识在大脑中的印象不断加深，以便能牢固地记住它。具体做法是：

在学习某门知识的过程中，采取学习——复习——再复习的方法。即学习某一内容后，花少量时间进行一次复习，接着学习下一部分内容，结束后再进行一次学习（包括前面学习的内容），如此下去，直到学完全部内容为止。

例如：运用此方法记忆英语单词。可以先把单词分成单元。无论使用词汇表、生词本，或者采用单词卡都应根据单词的特点分类，将相似的单词放在一起，每小组的单词不一定相等，一般选 6-8 个为宜。然后，根据所分的组数，每天记一组，每周对各组进行一次小循环记忆。一般的 8-16 组为一大循环组，每半个月对一个大循环组进行记忆，并不断增加组数，不断增加单词见面的次数以及每次记忆的单词数，这种循环法会提高记忆的效果。

在使用这种方法时，要注意以下几点：

1. 单元的划分并不是一成不变的，因人而异。对于成绩差的学科、内容难的学科，单元内容可少划些。对那些易学的内容，单元内容划分也可适当多一些。

2. 在未记住某一材料前，对其复习是有用的。可是，当我们已熟知、熟记此材料后，对它再复习已不起任何作用了。所以应暂时放下来，去学习新内容。

3. 学习与复习的时间安排应当适当。开始学习时，侧重于学；中间内容是学与复习相结合；最后内容结束后，要把重点放在复习上。

【提示】　学习——复习——再复习，构成了循环学习的过程。

此方法因人而异，因内容而异。学习和复习的时间应恰当安排。

善于回想

回想学习法，是通过对学习内容的回想来进行学习，它是一种最简单易行的方法。这种方法宜在以下四个时间内进行：课前、课后、早上醒来后、晚上入睡前。

课前，回想与新学内容有关的知识，主要是上堂课刚学的内容，只要求从大体内容上和关键细节进行回顾。

课后，把这堂课的基本内容回想一下。第一遍，只需回想基本内容。并且，用不着花太多的时间，只用极短的时间即可，不必回顾具体的细节。第二遍只回想新内容的关键部分，若发现有记忆不清的地方，要查书、查笔记，一直到弄明白为止。

早晨醒来后，先把昨天所学的大体内容回忆一下，像放电影一样。不过千万不能马虎，有不明白的或回忆不起的内容，要立即查书和有关参考资料，切不可偷懒，想推到明天。要经常用那首"明日歌"告诫自己，当天的事，当天完成。

每晚入睡前，把当天的功课在脑海中回想一下，具体步骤是从简单到复杂，一门一门地回想。同样要求不懂时马上看书。

课前，简短的回想有利于学习新课。课后及时的回想可使刚刚学完的课程内容更加清晰。早晨醒后，大脑比较清晰，回想出来后容易记得牢。晚上睡觉前，没有以后的内容干扰大脑，因此，这个时间最利于掌握知识。

【提示】 在课前、课后、早晨醒来后、晚上睡觉前对学习内容进行回忆，是加深对知识巩固的最好方法。

纲要信号法

纲要信号图表，是用简单、概括的语言把所学的重点内容以图表的形式列出，它比笔记更便于保存、记忆和使用。纲要信号学习法是借助这种纲要信号图表来学习的。如果养成了制作纲要信号图表的习惯，还可以自己建一套符号，这样学习、记忆，效果会更佳。那么如何制作和使用这种图表呢？

学习课文时，要明确哪些是必须掌握的，哪些是需要了解的，哪些是主要问题，哪些是次要问题。一般而言，纲要信号图表是一种特别的提示，而不是课本的简单重复，不必把课本中的所有问题都记下来，但一定把关键的问题在图表中组织起来。此表可进一步修改，如果我们想进一步掌握更深、更具体的知识，就在这张图表上进行二次补充，但不能补充太多。我们在制这张图表时，每个关键问题都是图上的一个网点，所以，在一张图表中网点最好是七个。

最好把一个个分散的知识点联系起来，找出彼此间的关系，找不到也不用担心，可以通过时间、地点、人物、形象……来发现联系。例如，一切多边形都可以划分为若干个三角形。其面积可以看成若干个三角形面积之和，所以，只要记住三角形的面积，再了解正方形、矩形、菱形、平行四边形的特点，掌握其面积公式就变得简便易行，甚至我们还可以根据有关知识把它们的公式推导出来。

如何正确使用图表呢？如果在课前已作了图表，上课时，可以直接在其上做笔记。如果是课后作的图表，制作完毕后，最好当晚能默述一遍，以免遗忘。在期末总复习时，可以分章分节制作大一些的图表，这比仅看书效果要佳。

这种方法，可以用于任何学科和任何学生。但如果你是自制力、理解力都很强的学生，可以自己制作此表。倘若是学习能力较差的学生，则需老师的协助。

【提示】 把各关键的知识，编成一张图表，有利于我们学习。图表中的知识网点最多不超过七个，尽量找出各知识点的联系。同时还要正确使用这张图表。

试误法

我们在解答习题和解决问题时，经常犯几次错以后，才能找到问题的答案。这种通过出错而寻找问题解答的方法，称为试误法。这种方法主要用于解答习题和解决问题，并且多用于自己去学习新知识。试误法在应用时应注意：

开始试误时，常常出现错误较多，逐渐地，出现的错误减少，最后获得成功。每次出现错误后，要总结发生错误的原因，以便在今后的学习中不犯同类错误。

试误时，要找问题与解答之间的关系，以减少错误出现的次数。比如有这样一道填空题：

$9 + □ = 15$，初学者可能从 1 开始试，一直试到 6 为止。可有些聪明的小朋友用 l 试以后，发现结果 10 与 15 之间差 5，这样他可能用 3 或直接用 6 试，这样，问题便很快得到解决。

如果试误多次，仍得不到解答，可向老师或同学请教，比较一下自己思路错在何处，这样才能加深对该问题的理解。

【提示】 试误学习法可以培养我们的独立思考和探索精神。但试误时，要不断总结经验，寻找解题捷径，如果试误多次仍不得求解，应求助于老师。

劳逸结合的学习法

学习和积极休息交替进行的学习方法，称为劳逸结合学习法。有劳无逸，容易疲倦；有逸无劳，无所成就。

掌握一般的学习方法

具体做法为：

学习时应集中精力。当我们集中精力演算习题时，对其他事视而不见，听而不闻，效率最高。

集中精力的时间不要太长，否则就容易引起疲劳。我们遇到数学难题，冥思苦想而不得其解，仍一直耗费一两个小时是毫无必要的。如果我们放下数学，拿起语文，或者听听音乐，半小时后再去解题，也许会很快找出正确的解法。

合理安排好学习和休息的时间，人最紧张的集中力，至多也只能持续20分钟到25分钟左右。美国有名的效率研究专家，甚至鼓励学生们实行一天只25分钟的读书法。所以，高度的集中力乃一小时做两次，每次维持20—25分钟，中间休息10分钟。以这种节奏反复进行，才是合理的集中精力的用功方法。

劳逸结合法，还应当养成良好的作息习惯。早晨别贪睡，晚上别睡得太晚，中午最好有一个小时左右的午休时间。这样才能使你精力充沛地去学习。

复习或做习题时，最好难、易课程相间而行。学习了半天数学后，最好不要再去啃英语，可以换成复习自然、历史等。这种难易交替学科的学习，可使我们的大脑一张一弛，不致于像上紧的发条，一不小心，就会绷断。

【提示】　学习和休息应交替进行。学习时要集中精力学，休息时要痛痛快快地玩，学时和休息在时间上要安排好，难易功课学习应交替进行。除此外，还要养成良好的学习、作息习惯。

归纳法

点、线、面相结合的学习方法。"由点构成线，由线构成面，"即"竖成线，横成片。"比如从一本书看，"点"就是各章节段落，"线"就是这些章节段落的内在联系，"面"就是书本的整体结构。

归纳学习法，关键是找出点、线、面，然后再建立其间的联系。那么该如何做呢？

语文学习中，比如一篇文章，点是关键词及句子。线是各段之间的联系，面是这篇文章的整体结构，即由哪几段组成。

数学学习中，点就是课本中的许多概念和定义，线是表示这些概念之间关系的公式、定律。面是综合运用数学知识的一些解题方法。

外语学习中，对初学者而言，点是单词、习惯用语，线是由单词组成的句子，即造句，面是根据这些句子，构成一小段情景文。

归纳学习中，总结出的点、线、面之间是存在一定联系的。点不是一个个孤立的点，线也不是一条条孤立的线，点既是线上的点，也是面上的点，线既是包含点的线又是面上的线。比如三角形这部分内容，有关的点是三角形的定义（由三条线段首尾相接所围所的图形），这样有许许多多不同的三角形。线是把等边三角形归成一类，把不等边三角形归为另一类；或根据角的大小分为直角三角形、锐角三角形、钝角三角形。面就是包括所有三角形所构成的整体。比如：

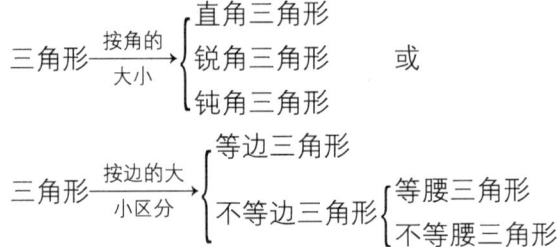

【提示】 点、线、面相结合的学习方法，是归纳学习法。这种方法的关键是找点与点、线与线之间的联系，这样才能归纳成面。

学用结合

把所学的知识用于解决实际问题，或从实际问题中学到知识的方法，叫做学用结合法。学习知识是为了以后应用。只有用了的知识，才会加深我们对知识的印象。那么，该如何结合呢？

自己制造模型。许多小发明家，通过学书本、课外书上的有关知识，发挥自己的想象力，制作出飞机模型、航空母舰、潜水艇。我们不可能人人都成为发明家，但可以做些简单的模型。如小房子、小立方

掌握一般的学习方法

体、三角形、矩形等；量一量三角形的三个内角和是否为180°；矩形是否四个角都为直角等。从模型那里，可进一步检验以前学过的有关知识。

参加实地考察。参观历史博物馆，可丰富我们的历史知识，参观天文馆、科技馆，可激发我们用自己所学的知识，去发明去创造。参观旅游胜地、自然景观，可陶冶我们的情操，学一些课本以外的知识。不仅如此，我们还应做一个实践者，比如售货员、售票员、餐厅服务员、图书馆管理人员。一方面把我们所学的数学计算、交际语言、自然、历史知识用于实际，另一方面也培养我们动手能力，养成爱劳动的习惯。日本有些小学生到地铁站当调度员，他们所用的知识是数学中的概率统计。

有时候，"用"不仅仅限于实际问题。如何用于书本知识，也可以是学用结合。比如，我们学了一个字或词后，不知怎样用它。有位小朋友用"心花怒放"造句，他认为此成语带"怒"，肯定与"生气"有关，故他造了这样一个令人啼笑皆非的句子："日本鬼子侵略中国，我们每个中国人都心花怒放。"可见这位小朋友既没学懂这个词，也不会用它。数学中，我们解题时，常常模仿习题进行。如果问题与例题类似或稍有不同，我们便不知如何求解，这也是学用没结合好的典型例子。

【提示】　制作模型、实地考察可以把我们所学知识与实际结合起来。灵活运用知识，解决一定难度的问题，也是学用结合的结果。

自主学习

自主学习法，就是自己进行积极主动地学习。那么如何用这种方法呢？

1. 学习要有计划。制订周计划、月计划、学期计划。明确各段时间要达到的目标。比如一周内要背多少个单词，要读几篇文章、写几篇日记，做多少道数学题等。

2. 学习时要充分利用拐棍。学会使用字典、参考书、计算器、直尺、圆规、图表等。积极主动地开动脑筋，多问几个为什么。养成喜欢思考的习惯。

3. 制订完计划，并不等于万事大吉，只是学习刚刚进行的第一步。要努力学习，完成制订的目标。从实际出发，制定出一套检验自己学习成果的考核和检查方法，从中总结自己学习的经验教训，取长补短，不断地改进自己的学习方法。

4. 自主学习法最关键的一点，是要调动自己学习的积极性和主动性。培养自己的学习能力，为此需要：

(1) 制定的计划应是符合自己的实际，且有一定的难度。如果目标定得太高达不到，易挫伤自信心；如果目标定得太低，很容易达到，易产生自满情绪。最好是目标定得稍高一些，自己需真正努力才能达到，就如同"蹦一蹦，才能摘到桃子"，这样才有刺激性，易调动积极性，发挥人的潜在能力。

(2) 自主学习法，关键是培养我们的学习能力。比如观察力、记忆力、注意力、想象力、理解力、创造力、自信力等。因此，在学习中，我们应学会主动地观察、有意地注意、多方面地去想象和创造、有效地记忆、学会理解等。

【提示】 发挥积极、主动性，进行自主学习。学习时要有计划，充分利用各种辅助工具，及时检查学习成果，发展自己的学习能力。

条件反射的作用

如果我们学习、生活都无规律，且不愿用功，那么我们就很难达到老师的要求，也很难按学习计划或老师推荐的学习方法进行学习。为了纠正这种不良习惯，我们必须用条件反射学习法。

条件反射学习法，是通过外界的因素来改变我们的行为，形成良好的用功习惯。也就是说，要求我们每天在同一个时间范围内，同一张书桌上，做同一门功课。那么，如何才能做到呢？

1. 要靠外界的帮助，尤其是家长、老师。开始家长或老师让我们在一定时间内，学习一定的内容。做得好或提前完成，会得到一定的精神奖励，如表场、夸奖等。这样，我们就有了自信心，学习便有长进。

掌握一般的学习方法

在循序渐进过程中，开始是由家长或老师，后来变成由自己适当增加内容，时间段仍不变。这样，我们会越学越愿意学。

2. 时间安排要恰当。这种训练的时间，应每天固定在不受干扰的时候，如晚饭后、早晨一起床后。时间长短也因年龄大小，而有所不同。一般低年级宜在一个小时之内，高年级宜在一至两个小时之间。

3. 要规定学习任务。为了充分利用这段时间，必须给自己安排一定的学习任务。为有效地形成条件反射，最好是在同一时间安排同一门功课。可把这种要求记在脑中，也可记在纸上，以便随时提醒自己。在学习过程中，还可以随时对自己提出问题。例如，在做习题时，提出"现在应当从哪里入手呢？""下一步该怎样呢？"学英语时，也经常问自己"这个词、句是什么意思？""该怎么读了？"这样可以防止走神。但学习任务要适量，太多、太难会完不成，易产生失败感。太难，容易让人厌倦、疲劳，学习就很难再进行下去。

4. 要在同一个空间，即房间相同，方向相同，书桌相同。由于以前的成功感，使我们对这种学习环境产生了"爱屋及乌"的感觉。所以，再进入这种环境时，很容易产生学习热情。此外，为了尽可能地减少外界的干扰，防止"分心"，最好把桌面收拾干净，小人书、玩具、收音机等一律放到别的房间去。

【提示】 条件反射学习法，是通过外界的影响而形成良好学习习惯的方法。使用这种方法时，老师和家长要给予协助。时间、内容安排上要恰当，学习环境最好固定不变。

锲而不舍

靠着顽强的毅力，持之以恒、坚持到底的学习方法。学习的好坏、能力的强弱，并不完全取决于脑子是否灵活，而决定于锲而不舍、持之以恒的程度如何。"勤能补拙"也说明了这个道理。那么，我们如何才能进行锲而不舍地学习呢？

1. 要善于克制自己。坚强的意志，不仅在于"坚持"，而且在于"克制"。比如，有些爱好往往与学习发生矛盾，一个人喜欢打打球、看看电影、看看电视、下下棋,这些爱好不但无害,有时会对学习有利。然而处理不当,就会影响学习。本来应该开始学习了,但心还收不回来(例如不愿意从球场上回来,无止境地游戏等等)。这时候,应克制自己,坚决摆脱爱好。高尔基曾经说过:"哪怕是对于自己一点小小的克制,也会使自己变得强而有力。"能够克制自己的人,能养成一种战胜困难和坚持到底的精神;而处处原谅自己、强调"例外"的人,必然一事无成。

2. 养成好的学习习惯。仅有毅力和热情是不够的,还得有好的学习习惯。比如平时爱多读书,上课前做到预习,上课时集中精力听讲,当堂内容当堂消化,课后及时复习,按时完成作业,课外爱读参考书和课外读物。平时爱做笔记,做卡片等。这些良好的习惯,都是通向成功的重要手段。

3. 克服惰性。有时,我们常想把学习推到明天,推到以后。虽然对过去总是悔恨不已;对将来,又寄托许多美好的希望;而对现在,却让大好光阴白白溜走。有时候,这种惰性表现在学习上常常是"不爱动脑筋","不爱举一反三",老师讲什么,就听什么,变化的题型就不会做。一遇到难题,就用类似"恐怕做不出,算了!"的话来安慰自己。岂不知,怀有这种念头的瞬间,你的大脑便立即失去紧张、集中状态,一旦松弛下来的思考力是很难恢复到积极状态。且日久天长,养成一种遇到难题就退缩、回避的不良心态。

4. 向名人学习。历史上有重大成就的人,没有一个不是经过长年累月的努力才取得丰硕成果的。曹雪芹"披阅十载,增删五次",用毕生心血写出了"字字看来皆是血"的不朽巨著《红楼梦》。郑板桥"四十年来画竹枝,日间挥写夜间思",才使画竹达到了出神入化的境地。司马迁受宫刑之苦,38岁动手写《史记》,完稿时已经是53岁的老人了。国外的保尔、凯伦等人身残志不残,靠顽强的毅力,在自己的事业上辛勤地耕耘。难道从他(她)们身上,我们不能吸取这种锲而不舍的精神吗?

【提示】 要做到锲而不舍、持之以恒,就得善于克制自己、克服学习上的惰性,养成良好的学习习惯,同时,从名人那里得到启示。

七　主科学习方法提要

语文的学习方法

语文课的预习

【测试】

1. 上语文课之前，你进行预习吗？
2. 预习课文之前，你读不读课前学习指导？
3. 第一遍阅读课文，你了解了课文的主要内容了吗？
4. 第二遍阅读课文，你找出了文章中的重要字、词、句段吗？
5. 第三遍阅读课文，你是否给课文划分了段落，概括了课文的主要内容和中心思想？
6. 你是否阅读并试做课后习题？
7. 做单元练习之前，你复习本单元课文，阅读单元指导了吗？
8. 你尝试过读写例话中的方法吗？

以上问题，如果有两个以上答"不是"、"没有"或"否"，那么你就应仔细阅读本节内容。

语文课前预习可以帮助你减轻课堂学习的压力，提高课堂学习的效率，增强语文自学能力。

预习步骤：

1. 预习之前，你应当先阅读单元指导和课前学习指导，了解课文的类型，主要内容和学习中的注意事项。

2. 阅读课文的题目和正文，初步了解课文的内容和结构，看一看课文里讲了几件事，要说明什么意思。

3. 仔细阅读一遍课文，找出生字词，画出难句和精彩的句子，并将它们摘记下来。利用字典、词典和参考书，初步弄清生字词和句子的意思。联系上下文，看一看精彩词句的精彩之处。然后为课文划分段落、概括段意和文章的主要内容及中心思想。找出最能体现文章意思的段落和中心句。将文章的主要段落和段意在笔记本上列出来，写出课文的主要内容和中心思想，将重要段落标明出来，摘记下文章的中心句。

④看看课后练习题，并尝试着做一下。根据练习中遇到的问题，重新阅读课文。

单元练习的预习

单元练习之前，先复习单元指导语及各篇课文中的主要生字词，重点句子和段落及课文的结构和中心思想。

然后独立完成单元练习，根据练习的主要内容和遇到的问题，重新复习相关课文。将疑难问题记下来，并把练习考察的知识要点列成图表。

读写例话的预习

在预习读写例话时，先看一下题目，自己想一想该怎样做，举已学过的课文中的例子说明一下。然后读它的正文，边读边画出其要点，并想一想为什么。要注意读写例话中的例子。读写例话要反复地读几遍，要复习一下含有读写例话例子的课文，加深对读写例话的理解。

在以后的学习中要应用读写例话中提出的要求来指导自己的学习。

【提示】

★要养成课前预习的习惯。

★预习要弄清书中的主要内容，运用工具书解决预习中的难题。

★预习时要做简要的笔记。

★预习要和必要的复习相结合。

★预习过程中要勤于动手、动脑、动口，动手勾圈画记，动脑问、想、记，动口读、说、练。

★预习要和练习相结合。预习完后，想一想怎样应用新知识于听、说、读、写之中。

字词的学习

【测试】

1. 学习字词时，你注意观察老师的口形和发音方法了吗？
2. 你从广播电视中学习普通话吗？
3. 你遇到生字词，查字典和词典吗？
4. 你经常进行相近和相反字词的比较和归类吗？
5. 你能说出常见笔画的名称和笔顺规则吗？你写字时，是否按正确的笔画、笔顺写？
6. 你能指出下面的字是什么结构吗？

样、树、家、包、围、过、高、品。

7. 你能指出下面的字的偏旁部首吗？

什、多、都、有、字、志、望、明。

8. 你会用音序查字法和部首查字法查字典吗？
9. 你知道该怎样正确写字吗？

以上问题，如果有两个以上答"没有"，"不"、"不是"或"不知道"，那么就请你仔细阅读本节内容。

字词读音的学习

1. 字词读音学习的两个主要途径

（1）字词读音的模仿与应用

我们可以通过对老师领读和广播电视节目播音的模仿来学习字词读音。我们要认真观察老师的口型、记住特殊的发音方法，并要进行大量的拼读练习，逐步将音发准。平时听广播、看电视时，发现需要注意发音的字词，要将它们记下来。

为了更好地模仿，我们可以利用语文课的录音带来进行听读练习。还可以用空白磁带将我们的读音录下来，反复检查和与标准的发音进行对照，找出应当注意的地方。

读音的模仿要结合应用来巩固学习效果。应用主要指说和读。日常说话时要咬准字音，坚持说普通话。平时多朗读一些课文和课外读物，练习字词的正确发音。

（2）通过汉语拼音和字、词典来进行学习

汉语拼音是学习字词读音的重要工具。学习课文时，要注意生字词的拼读和拼写，弄准字词的读音。平时可以多读一些拼音读物，进行汉语拼音的练习。

另外，对于不知道或拿不准读音的字词应当及时查字典、词典，找出正确读音，并将它记下来，多练几遍。

2. 近音字、多音字和同音字的辨析

近音字的学习，首先要通过查字典弄清各字的不同拼读方法，然后将它们放到一起进行比较，抓住其拼读的差异。我们还可以通过适当的对比记忆和组词的方法，加深对近音字的区别。

多音字一般来说和字的不同用法有关，在不同用法下发不同的音。我们可以将多音字的不同读音和用该字组词造句结合起来，记住某些词句，也就记住了不同读音。另外，我们不可以将字的不同读音集中起来记忆。

同音字的学习，一方面我们可以将易混的同音字进行组词造句，加深理解；另一方面，还可以通过集中比较字形字义来区别同音字。

字形和构词的学习

字形包括笔顺、笔画及字的形体结构等方面的内容。

1. 掌握字的笔顺、笔画，认真按照正确的笔画、笔顺进行写字练习，写完以后还要和范字进行对照。

2. 分析字形的结构特点，抓住最易写错的地方进行记忆和练习。比如"染"字很容易多写一点，成为"丸"字，所以在学习"染"字时就应特别注意这一点。

我们还可以按照字形的特点进行集中识字，加深对字的形体结构的印像，比如我们可以将以木字为偏旁的左右结构的字放到一起来记，还可以将包围结构的字放到一起来记。

我们要记住常用的偏旁部首和常见的字形结构。

3. 通过大量书写练习，巩固对字形的学习。

书写练习的方法有临摹、抄写、书空、默写等。在练习之前要仔细观察字形特点，练习后要进行检查。

词的构成也是有规律的，我们学习构词，先要分析词中各字的意思及其相互关系，然后将相同结构的词归纳起来进行掌握。

有些词是成语和俗语，我们要特别注意，不能随便更改其中的字和顺序。

字词意义的学习

1. 理解记忆的方法

首先我们要通过查字、词典及上下文，弄明白字词的准确含义，然后对字词义进行记忆，或者进行组词造句，巩固对字词义的掌握。

我们要将生字词摘记到笔记本上，写上词义和例句，并经常复习。

2. 比较学习的方法

对于近义词、反义词、同义词及相关联的词，可以将它们分别集中到一起进行比较分析，集中记忆。

3. 写作和练习学习的方法

我们可以利用学过的字词进行写作，来表达自己的意思，使之和自己的生活联系起来，这样就能容易记得牢、记得准。

另外，还可以做一些填空、选择、改错的练习题，巩固对字词意义的掌握。

怎样查字典

查字典的方法主要有音序查字法和部首查字法。

音序查字法，首先从字典的"汉语拼音索引"中，按字母顺序找到要查汉字的汉语拼音的第一个大写字母；然后再找到大写字母下面要查的汉字的拼音；最后按查到的拼音后面的页码，从正文中找到所查的字。

部首查字法，首先按笔画多少从部首表中查出要查字的部首；其次在检字表的相应部首下面，按笔画查到要查的字及其所在页码；最后根据页码找到要查的字的条目。

在查字典时，要注意以下几个问题：1. 应注意字词的音形义的统一。因为汉字有多音、多义现象，所以应将字词的音形义弄准确，不能胡乱猜测。2. 查字典要和阅读原文结合起来。有时字词的读音和意思有多种，不结合上下文我们就难以抓住我们需要了解的准确意思。所以查完字典，还要仔细阅读上下文，将最贴切的读音和词义注在课本上。

附：学习汉语拼音的几个问题

1. **学好各拼音字母的读音规则**。

首先要注意模仿磁带和老师的发音，仔细观察老师的口型，听老师讲解发音要领，进行大量练习。在练习中，你可以采取一些独特的方法

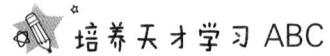

来检验你的发音。比如，用小镜子观察自己的口型，用小纸片检查是否送气，用录音机来矫正读音。

其次应将相近发音的拼音字母进行归类比较，加深印象。

2. 大量拼读，掌握音节和声调

在拼读前，我们先要观察字的读音分几个音节，用什么声调，再进行拼读练习，巩固对字的读音和掌握。

练习声调时，我们可以借助手势来加强印象。比如读平声，我们就用右手从左平划到右，读去声，右手就从左上方划向右下方等。

3. 大量拼写，掌握拼音字母写法和拼写规则。

拼写最好不是照已有的标音照抄，而要在拼写时凭记忆和听音进行书写，然后和正确答案对照。

你可以通过归纳和编儿歌的方法来记住标调规则等知识。

最后，还要记住字母顺序，学会字母歌。

附：怎样写字

1. 写字姿势要端正，执笔、运笔方法要正确。

你可以仔细观察写字教材或练习册中的照片和提示语，自己进行尝试模仿，然后请老师指正。

2. 写字之前要先观察字形，想一想该怎样写，应注意什么地方。

3. 掌握好字与字、行与行、段与段之间的间隔与格式，正确书写标点符号。

4. 写完字之后，要进行检查。在将字写正确、写美观的基础上练习提高写字速度。

【提示】

★学习字词的读音要注意口型和发音方法，注意字词的拼音，并进行大量模仿和应用。

★字词学习中要注意总结和区分同音字、近音字、多音字和同义词，近义词和反义词。

★字形学习中要注意字的正确书写和字形结构分析，进行形近字的比较。

★要注意归纳构词的方法和成语、俗语的记忆。

★要养成查字词典的习惯，查字词典时要结合课文的理解。

★要多练习汉语拼音的拼读和拼写，记住汉语拼音字母的顺序。

★写字时要先观察，按正确笔顺、笔画书写，写完后要注意检查。字词、行段之间的间隔格式和标点符号书写要正确。

句段篇章的学习

【测试】

1. 你能指出下面哪些句子是不完整的吗？

明天，不上课。

做完作业了。

我们去吧！

明天的计划安排好没有？

2. "敌人勇敢地冲上来了。"这句话有错误吗？

3. 你能找出下面一段话的中心句吗？

小明的身体棒极了。他能举起 100 斤的杠铃，能跑 5000 米远，能吃 3 个馒头。有一次义务劳动，他干了一上午的活儿，一次也没休息。

4. 你能独立地给课文划分段落、概括课文中心思想吗？

5. 学习课文时，你分析过课文的题目吗？

以上问题，如果有 1 个以上题目回答了"不能"、"没有"或"不理解"，那么你需要仔细阅读本节内容。

句子的学习

1. 要注意分析句子的结构，理解句子的意思。

语文学习会遇到各种形式的句子，我们要注意归纳总结，了解句子的结构。比如陈述句必须有主语、谓语，另外还可能必须要有宾语、状语、补语等。我们可以将各种不同句子的典型例子记下来，反复记忆，养成说和写时语句完整的习惯。

2. 要联系上下文，理解句子的意思。

句子在表达意思时往往不能脱离具体的上下文情境，不仔细联系上下文，就会造成对句意的误解。

3. 要分析句子的修辞方法，准确理解句子的意思。

有时候句子中使用了修辞方法，比如比喻、暗示等。我们就不能仅从字面上理解，而要想一想它用了什么修辞手法，找准其真实含义。

4. 在说和写时，要注意句子完整、用词准确、描写具体、简洁生动。

我们要表达复杂的意思，可以先说出最主要的句子，然后逐步补充其他方面的意思，注意句与句之间的关联和语序。说或写完后，要再想一想有没有错误。

段落的学习

1. 通过读懂段落中的每一句话，把握段落大意。

首先要解决段落中的生字词和疑难句子，通过查字词典，分析句子结构达到词语和句意的理解。

然后将句子串起来考虑它们表达的意思。找出其中的关键句子，将它划出来，看一看它怎样把上下的句子统一起来。

2. 分解段落结构，把握段落意思。

可以将整段分为几个小部分，理解每个部分的意思，然后归纳出全段的意思。

3. 段落的学习要结合全文意思和上下文来进行。

段落在文章中所起的作用是不同的，有的单独表达一项意思，有的起着过渡、照应的作用。我们要仔细分析它们的不同作用，理解段意。

篇章的学习

1. 划分段落。

给课文划分段落，首先要通读一遍课文，大体了解文章的结构，看文章可以分为几个主要意思。然后，看每个部分又由几个段落构成，各表达了什么意思，最终划定课文的段落。划分段落的方法主要有以下几种：

（1）时间、空间转换分段法，情节发展分段法。也就是按时间、空间和故事情节的变化来分段。

记叙文、说明文经常使用这样的分段方法。我们可以先看一下课文标题，想一想课文要说明几个方面的事，怎样来记叙事情的经过，怎样从不同角度说明同一事物。然后再仔细阅读原文，与自己的问题进行对照，对课文进行分段。

（2）整体分割法。就是从课文的总体结构入手来逐层分解文章内容，进行分段的方法。

有些写人、写物、说理的文章，往往可以同时写几件事，写几个方面的道理，我们可以先将它们找出来，再仔细阅读各部分，归纳出它们的中心内容，确定段落的划分。

（3）段意归并法。就是将所有自然段的意思都归纳出来，然后将意思相近的段落归并到一起，确定整体段落的划分。

最后要提醒的是，有的段落是过渡性的段落，要看它更接近于上下文的哪一部分进行合理归并。

2. 概括段意

在划分好课文段落结构后，要再阅读一次，进一步分析各段段意。

段意的表述要准确、简明，各段段意相联应能反映课文大意。

归纳段意的方法在段落学习中已经谈到了，这里不再重复。

3. 概括课文主要内容、中心思想和写作特点。

概括课文的主要内容，要先通读课文，把握课文大意，然后将各段段意联结起来，进行集中陈述，就可以得出课文的主要内容。

概括主要内容要注意课文体裁：记事的文章要概括事情发生的时间、地点、起因、经过、结局。记人的文章要概括人物的性格特点。状物的文章要概括物的外部和内部功能特征。

有的课文的标题和课文的主要内容有联系。我们可以通过标题扩展来概括文章的主要内容。首先对题目多提几个问题，然后从课文中寻找答案，最后将答案串联起来。

归纳课文的中心思想可以通过对文章主要内容的了解，深入体会作者的思想情感，了解当时的时代背景，将自己放到作者的角度进行思考，抓住课文的中心思想，课文往往是要通过某些内容反映某种观点和看法的，这就叫"文以载道"。

归纳课文的写作特点，一方面可以通过直接感受说出课文的精彩之处；另一方面可以通过和以前学过的课文进行比较来发现本文的写作特点；也可以运用以前学过的写作知识对课文进行深入分析。

【提示】

★句段篇章的学习重点在于学习怎样表达。

★句子的学习，一要注意句子的结构，二要注意它与上下文的联系，三要注意特殊的修辞方法。

★段落学习要抓住段落大意，分析段落结构，搞懂其中的字词、语句。

★篇章学习要先把握其总体结构，然后以此划分段落、概括段意、归纳课文主要内容、中心思想和写作特点。

阅读的技巧

【测试】

1. 你是否有每天朗读的习惯？
2. 朗读时，你能找出最能表达作者情感的句子吗？
3. 你是否总是按一种声调朗读？
4. 你是否经常在朗读时读错字或漏字？
5. 你能不出声默读吗？
6. 默读时，你能抓住课文的主要意思吗？
7. 你是否经常浏览报纸、杂志？
8. 你能很快地背诵并及时复习一篇课文吗？
9. 你是先将课文中的难点弄明白了才进行背诵的吗？

以上问题，如果有两个以上答"否"、"不能"、"不是"（3、4题答"是"），你必须认真阅读本节内容。

阅读

阅读大致可以分为朗读和默读两种。朗读是出声地读，利用语音、语调、重音的变化帮助我们更深地体会和表现课文思想内容和写作方法。默读是不出声地读，它可以更好地提高我们的阅读速度，集中注意力进行边读边想。

朗读

正确、流利、有感情地朗读是朗读的基本要求。正确地朗读就是读音要正确、停顿要恰当，能正确地使用升降调。流利地朗读就是要语气连贯、语速适当，不出错，无赘语。有感情地朗读就是要通过语调、语气、节奏和表情来正确地表达作者的思想情感。

1. 分层朗读，逐步达到朗读要求。

先要将较长的课文通读一遍，看它分为几个部分，大概意思是什么。然后，找出各部分中的生字词和复杂句段，通过查工具书和问老师，将这些拦路虎排除掉。再将课文朗读一遍，体会哪些句子和段落更集中地体现了作者的情感，将它们找出来。最后再朗读一遍，全面完整地表现文章的主要情感和内容。

2. 录音反馈，促进自我改进。

可以利用录音机将我们的朗读先录下来，然后放给自己听，找出朗读错误或不够精彩、没能充分反映作者思想情感的地方加以改进。朗读中经常出现的错误是读错字词，漏掉字词，语调、重音和停顿不正确，形成唱读、误读或漏读。这些错误一定要及时改正。朗读中要提高情感表达水平，一要认真弄懂课文主要内容，抓住重点词句；二要进行想象，体会作者真情实感；三要多做尝试，正确传达这些思想情感。

3. 分角色扮演，加深对课文的理解。

在朗读之前，要尽量通过多方面了解作者及其时代的情况，更深入地理解文章的意图。在分角色扮演中将这些方面的意思体现出来。同学之间还可以相互批评和帮助，提高朗读质量。

默读

"一用两不能，读想同步"是默读的基本要求。"一用两不能"就是用眼睛看书，不能用手指课文，也不能小声念。"读想同步"就是在默读时要集中注意力，边读边想，注意理解和适当记忆。

默读的水平可以分为两个阶段。首先是轻声默读。默读时口可以动，但不发出声音。其次是无声默读。默读时口不能动，只用眼睛来进行默读。这一阶段开始时可能存在"心里读"（即想象字词读音）的现象。这时可以逐步加快阅读速度，扩大眼睛注意字词的范围，将字词、短语作为整体来认读。

在默读时，遇到难懂的句子，可以放慢速度仔细阅读，也可以停下来想一想，或向回搜索以求得理解。如果它不影响我们对全文的理解，我们可以继续往下读，看是否能在后面文章中找到答案。如果还有弄不明白的地方，我们还可以请教老师或相关书籍。

默读分为精读、泛读、快速阅读等几种类型。精读是将课文的各项内容和知识要点都弄明白的阅读。它不仅要求知道课文的主要内容，而且要学会其中的字词、句篇等知识要点，深入理解文章的中心思想和写作特点。精读可以分几次完成，每次完成一部分学习任务。

泛读是以了解课文主要内容和总结构为主，阅读目的不一定十分广泛，它可以只是其中的一两个方面。泛读可以使我们接触大量的阅读材料，学会通过阅读获取特定知识的方法，泛读是略读和详读的结合。略读就是寻找课文中的关键字词、语句和内容。详读就是对其中重点部分进行某种程度的精读。

快速阅读主要是快速浏览全文，抓住文章的主要内容和观点。它的阅读目的最单纯，速度也最快。

略读和快速阅读时，不要逐字逐句地读，而是要寻找关键字句，保证较高速度。略读和快速阅读离不开精读打下的扎实基础。在进行课堂学习时，要将略读和精读结合起来，保证阅读速度和质量。平时还要养成浏览报刊的习惯。

背诵

背诵可以帮助我们深入地理解和巩固所学内容，也是提高记忆力的阅读能力的重要方法。常见的背诵方法有以下几种：

1. 尝试重现背诵法。在反复阅读几遍后，就尝试着背，如果背不出，就再读，然后再背，直到全部背过为止。对于较长的文章，我们可以将它分成若干部分来背。

2. 寻找支点背诵法。在课文中找出关键词句，先记住它们，然后对每个关键词句相关的部分分别背诵，最后按关键词句的提示，把全文完整地背诵出来。

3. 复述背诵法。先仔细阅读全文，然后将它复述出来。开始可以比较简略，然后逐步详细和具体，最后达到全文原样复述（或称背诵）出来。

4. 形象记忆背诵法。可以对课文内容进行生动地想象，用一些具体形象来串联起主要内容，并通过这一方法强化记忆，达到背诵的目的。

另外，还可以通过抄写、默写、儿歌、表演等方法来帮助背诵。

背诵过程中要重视理解，讲求方法。要弄清课文的主要内容，总体结构，各段段意，相互间的关联，关键字词语句的意思和特点。只有在理解的基础上，才能将课文记得牢、记得准。

背诵过程中要注意适当的间隔，使大脑对记忆的东西进行一下整理，大脑本身也得到适当休息。对于背过的东西要及时复习，以免遗忘。背诵过程中要有一定量的过渡学习，即将背过的东西再多背几遍，以巩固效果。

【提示】

★阅读方式可分为两种，朗读和默读。

★朗读要做到正确、流利、有感情，不要错读、漏读和唱读。

★默读要做到"一用两不能，读想同步"。

★默读又可分为精读、泛读和快速阅读三种形式。在课业学习中要综合运用三种形式。

★朗读、默读都要着重理解。

★背诵要注重理解和记忆的方法。

作文的步骤

【测试】

1. 你平时练习写小文章吗？
2. 你喜欢你周围的人和事吗？
3. 你观察事物时，是不是有顺序、动脑筋、有重点，是不是做记录、查资料？
4. 作文之前，你有审题、列提纲的习惯吗？
5. 你知道审题和构思包括哪些方面吗？
6. 写作文时，你是否打草稿？
7. 你是不是经常认真修改作文？

以上问题，如果有两个以上问题答了"没有"、"不"、"不是"、"不知道"或"否"，那么你需要仔细读一读本节内容。

写作文的过程包括审题、构思、打草稿、修改、定稿誊抄等几个步骤。

1. 审题。

审题包括四项内容：

（1）审准主题：拿到作文题先要看一下题目是关于什么的，比如，记一件有意义的小事，它的核心内容是"事"，要记述一件有意义的小"事"。

（2）审准范围。像上面的题目，可以从核心内容的限定词着手，确定作文的范围。事很多，但这篇作文要写的是小事，并且是有意义的小事，而且只许写一件。有的题目没有足够的限定词，那么我们要根据自己的想法给它限定一下。比如家，要想一想写谁的家，写什么样的家，写家的什么事。

（3）审准体裁。有的作文题限定了作文体裁，也就是要写记叙文还是说明文等。如果没有限定，我们要为它限定。因为不同的体裁有不同的写法，对于给定的题目，我们先看它的主题适合于写怎样的体裁。如果是涉及人和事的，一般可以写成记叙文；如果是涉及物的，可写成说明文。

（4）确定中心思想。弄清楚作文的主题、范围、体裁之后，还要确定作文的中心思想，也就是想一想，通过写作文要告诉人们一些什么道理呢？比如，哥哥，是要告诉人们哥哥是个勇敢的人，值得我学习呢？还是告诉人们哥哥是个爱学习的人呢？或者两项任务都要完成。

2. 构思。

确定作文要写的事，要写的体裁，要表达的中心思想后，就要按照这些要求想一想，作文要写几个部分，各部分之间怎样联系，哪些地方详写，哪些地方略写，各部分要表达一个什么意思，用什么材料。这就是作文构思的过程。

比如，记一件有意义的小事，要写两大部分，一是事的起因、经过、结果；二是这事给我们以什么样的意义。可以详写事的经过和意义，略写起因和结果。在写经过时，要写几个人物，写他们做的哪些活动，写哪些场景等，都要心中有数。

最后，将构思的结果写成作文提纲。作文提纲包括，作文题目是什么，写什么样的体裁，表达一个怎样的中心思想，最主要的是作文的结构，用（1）、（2）、（3）列出先写什么后写什么，各部分的详略要标出来，需要详写的部分还可以细分成几个小部分，用①、②、③标示出来。

例如

题目：记一次下棋

体裁：记叙文

中心思想：通过下棋说明做事不能骄傲。

结构：

（1）星期天，表哥来我家玩，我提议下象棋。

（2）下象棋的经过（详写）。
①开始我连吃表哥好几粒子，很占优势。
②我忘乎所以，有点骄傲起来。
③表哥抓住我的一个漏洞，我输了。
（3）我明白了什么道理。

3. 打草稿。

列好提纲后，要在头脑中再仔细想一想如何写，试着心里说一说，然后下笔，按提纲和下笔前想的来写，注意不要跑题和遗漏内容。用词要贴切，句子要完整，每个部分列为一段。有不会写的字，先用拼音标出来，写完后再查字典补上。

写草稿的纸最好用白纸，每页纸不能写满，要留出修改的地方。通常的作法有两种，一是将草稿分为左右两栏，左边较大的栏写草稿，右边较小的栏写修改的内容。另一做法是隔行书写并留出右空白，将修改的内容或直接写在空行里或写在空白处。

4. 修改、定稿。

草稿写完以后，要通读一遍，进行修改。将多余的地方去掉，将漏掉的地方补上，错误的地方要改正，混乱的地方要调整顺序。

先看一下，有没有跑题，段落顺序正确与否，有没有需要补充和删除的字、词、句、段，改正错字、错句和标点符号。

修改完一遍后，再通读全文，看还有没有问题，有的话，再改，直到自己感到满意为止。修改时可以将错句、错字词用横线画出来，在右栏内对应的行写修改后的词句。也可以使用一些符号直接进行修改或将草稿和修改后的内容联系起来，如用横线画在相应字句上表示删除，用"∽"表示前后互换，用"δ"表示移动和改写，用"∧"表示增补。

修改完后，就可以将修改后的作文誊抄到作文本上，也就是定稿了。抄写时要认真，不要抄错、抄漏。书写要工整。

【提示】

★ 写作文就是用自己的话写自己看到、听到、想到和经历过的人或事。

★ 写作文要注意平时积累，包括做读书笔记和写观察日记。

★写作文之前要审题和构思,列作文提纲。

★写作文要打草稿,并进行修改。

数学的学习方法

概念的学习

【测试】

1. 你是否经常从生活中找到概念的实例、模型等?
2. 你是否亲自动手制作一些图形?
3. 你是否经常动手画一画、量一量、测一测、折一折、拼一拼?
4. 在学习一个概念时,你是否想过与它有联系的概念?
5. 你经常把自己学过的概念放在一起做比较并找出它们之间的联系吗?
6. 你经常去领会一个概念是如何形成的吗?
7. 你一般不去死记一个概念的定义?
8. 在做练习时,你想过题目中用到了哪些概念吗?

如果你有三道问题回答"否"就应该看下面的内容。

联系生活实际

如学习自然数"3",可以拿出3只笔、3块橡皮,画3只鸟、3个人、3个球,也可以走3步路、拍3下手、说3句话,小李有3个哥哥、小王有3个乒乓球……凡是像这样代表"3个东西"都可以用3来表示。还有第三个、第三行、第三天、第三次……说明3还可以用来表示顺序。

学习其他数学概念也是如此,你把它同实际生活联系起来学和想,就容易得多。

动手操作

学习数学概念时,如果能够通过实物的操作,就会很直观,很容易理解概念到底表达的是什么意思。

如学习长方体表面积时,可以找一个长方体纸盒,把它拆开,成为一个平面,可以明确地看出长方体的表面积是由六个面组成的,而且六个面是两两相对且相等的,只要求出三个不同面的面积之和再乘以2就能求出长方体的表面积:(长×宽+宽×高+长×高)×2。然后把它折回原状形成一个长方体的盒子,看看它的占地面积。也就是长方体接触地面的一个面的面积,当把纸盒用三种不同的方法放置时,它的占地面积是不同的。可以发现表面积、占地面积这两个概念是不一样的。

从旧知识推导新概念

任何知识的学习都要和以前学过的旧知识联系在一起。

如学习"质数和合数",可以从已经学过的约数入手,如果你能找出1、5、9、11、12各自然数中所有的约数,可以发现,这些数可以分成三类:①5、11,约数只有1和它本身的数,这个数就是质数;②9、12,除了有约数1和它本身外,还有其他约数,这个数就是合数;③1,只有约数1本身,既不是质数也不是合数。

新旧类比

如学习"最简比的意义",可以用最简分数意义与它进行类比:

1. 判断:下列分数哪些是最简分数?哪些不是?为什么?

$\frac{42}{63}$ $\frac{5}{7}$ $\frac{36}{16}$ $\frac{11}{13}$ $\frac{15}{8}$

2. 将上述分数看做比,回答哪几个比的前项和后项是互质数?

3. 比的前项和后项是互质数的比,就叫做最简单的整数比,从而引进了最简比的概念。

从实例中找规律

数学是一门有规律的学问,要学好数学,必须善于找规律,而找规律的最好方法就是认真学习理解课本中的实例,把实例搞懂、搞透。

如学习乘法时,可以从下面的等式中分析归纳出乘法的意义:

$2+2+2+2+2+2=2\times6$

$5+5+5+5=5\times4$

$7+7+7=7\times3$

$10+10+10+10+10=10\times5$

……

比较分析这些等式,可以发现乘法就是"同数连加的简便算法"。

找反例

找反例就是找哪些是不正确的,把不正确的排除掉,才有利于掌握正确的知识概念。

如分数的意义包含了这样几个条件：①把单位"1"平均分；②分成若干份；③取这样的一份或几份。其中"分份"、"取份"都是在"平均分"的前提下进行的。因此，下面图形中哪些正确地表示了分数，哪些不是分数？如果能够找出反例，就说明理解了分数的概念。

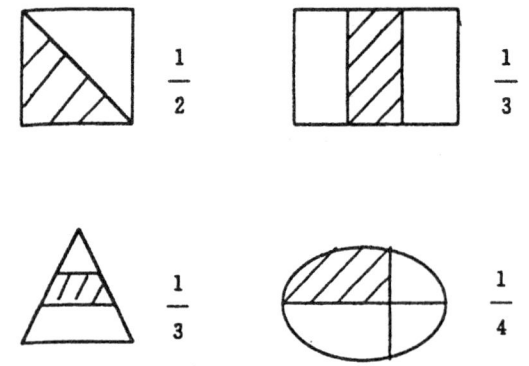

比拟

如学习"用字母表示数"时，我们见过扑克牌"红桃A"、鲁迅写的小说《阿Q正传》、可以说小王住在A市B街C栋D号……想一想，这些字母分别表示什么？上面的字母，有的表示人名，有的表示地名，有的表示任何一个事物。那么在等式 $0.5 \times x = 3.5$ 中，x表示什么（一个特定的数）？代数式 $0.5 \times x$ 中的x又表示什么呢（任意一个数）？因此，字母可以表示人名、地名和数等；一个字母可以表示一个数，也可以表示任何数。

在运用过程中巩固概念

例如在掌握了分数的基本性质后，就要熟练地通分、约分，并说明通分、约分的依据；学习了小数的基本性质后，就要比较熟练地计算小数乘法，并懂得为什么乘积的小数位数是被乘数与乘数小数位的和。对于一些重要的概念要进行有意义的记忆。如什么叫分数？什么是方程？什么是质数、合数、奇数、偶数？分数的基本性质是什么？小数的基本性质是什么？……这些概念都应在理解的基础上进行记忆。

及时总结，寻找联系

许多概念往往前后联系，纵横交错。学习到一定程度，应前后总结一下。把有关联的概念联系起来,像"珍珠串成线,铁环套成链"一样,如学习了四边形、平行四边形、长方形、正方形后,可以进行总结,找到它们之间的联系。

梯形 —两组对边平行→ 平行四边形 —一个角是直角→ 长方形 —四条边相等→ 正方形

【提示】
★联系自己的生活实际,把不易理解的概念形象化。
★动手操作,深入领会概念的本质。
★注意从已经学过的知识推导新概念。
★注意从实例中发现一些有规律性的东西。
★通过运用巩固概念。
★及时总结,抓住概念之间的联系。

应用题的学习

【测试】
1. 你知道解答应用题分哪几步?
2. 在解答应用题前,你是否认真读题?
3. 读题目时,你是否对题目中条件和问题作摘录?
4. 你是否对题目中的数量关系用示意图表示出来?
5. 在列式运算之前,你是否制定一个解题计划?
6. 在列式计算时,你是不是真正理解了题目的数量关系?
7. 你是不是经常忘记答题?
8. 得出答案后,你做验算吗?
9. 你是否掌握了三种以上分析题目数量关系的方法?
10. 你是否经常对一道题寻求不同的解法?
11. 你能够把一道题变换成几道别的题目吗?
12. 你不会经常混淆相似、相近的题目吧?
13. 你知道列方程解应用题与用算术方法解应用题的区别吗?
14. 你能说出列方程解应用题的解题步骤吗?

如果你有三道题回答"否",就应该看下面的内容。

掌握解答应用题的一般步骤

一般来说,要正确完整地解答一道应用题,要遵循以下几个步骤:

例:甲有 10 个梨,乙有 6 个梨,乙给甲几个后,甲的个数是乙的个数的 3 倍?

1. 认真审题、弄清题意

通过审题,弄清已知是什么?求什么?把题目的故事情节、关键词语的含义领会清楚。

首先要认真读题。提倡"三读",初读——了解题目所述情节,包括事件及其经过、结果等;细读——扫除题目文字上的障碍,将关键性(重点、易混、难以理解)的字、词、句做上不同记号,然后一一消化理解;深读——明确题目思考方向,如此题属于哪一种类型,与哪些自己所见到的事物、所学过的知识有关,要不要画个图,分几步做,用些什么方法等。

对比较复杂的题目,可以做简单的条件摘录,能作图的题目,应根据题意作示意图。

例题的条件摘录:

已知的:	要求的:
①甲原有梨 10 个	乙给甲多少个梨后甲是乙的 3 倍?
②乙原有梨 6 个	
③乙给甲若干个后甲是乙的 3 倍	

例题的示意图:

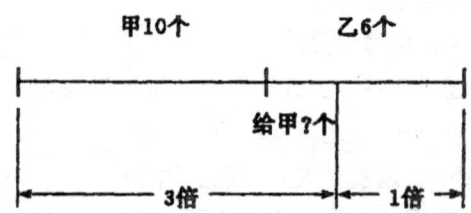

2. 分解应用题
3. 制定解题计划

分解应用题后,要决定先算哪一步,后算哪一步。把这个顺序写出

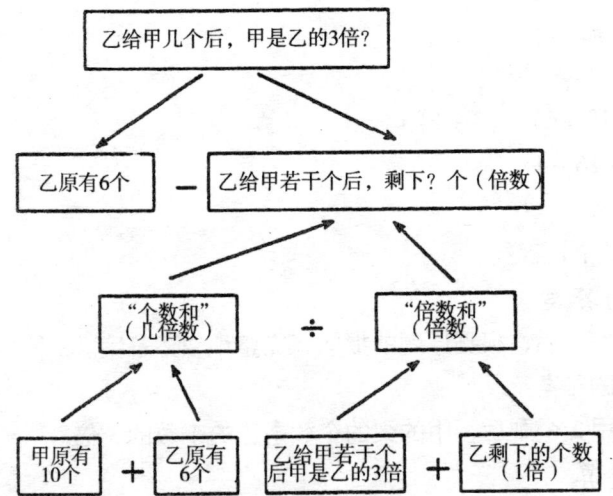

来，就是解题计划。解题计划可以单独写好，然后解题；也可以写一步计划，计算一步。解题计划有两种：问答式和叙述式。

例题的解题计划

问答式：

(1) 甲乙二人共有梨多少个？
(2) 甲乙二人共有的梨是乙剩下的梨的几倍？
(3) 乙给甲若干个梨后剩下多少个？
(4) 乙给甲多少个后，甲的个数是乙的3倍？

叙述式：

(1) 甲乙二人共有梨的个数。
(2) 甲乙二人共有梨的个数相当于乙剩下的梨的倍数。
(3) 乙给甲若干个后剩下的个数。
(4) 甲的个数是乙的个数的3倍，乙要给甲的个数。

4. 列式计算

根据解题计划，一步步地列出算式并进行运算。为使运算条理清楚，分步列式运算较好，在熟练后，可列综合算式运算。

例题的分步运算：

10 + 6 = 16（个）

3 + 1 = 4（倍）

16÷4=4（个）

6-4=2（个）

例题的综合算式：

6-(10+6)÷(3+1)

=6-16÷4

=6-4

=2（个）

5. 写答案

运算完毕后，根据原题的提问，完整地叙述答案。

例题的答案：

乙给甲2个梨后，甲的梨的个数是乙的个数的3倍。

6. 验算

题目解完后，应验算一下答案是否正确。主要有三种方法：

（1）分步逆运算

例题分四步运算，也分四步验算

16-6=10（个）

4-1=3（倍）

4×4=16（个）

2+4=6（个）

验算结果证明原运算无误，这种方法的缺点是不能检查列式正确与否。

（2）将运算的得数作为已知数，原题中的一个已知数作为未知数，把原题改编成一个新题，解答这个新题，如得数与原题中的那个已知数相同，则证明原运算和列式都是正确的。

例题改编为：

甲有10个梨，乙有6个梨，乙给甲2个梨，甲的个数是乙的个数的几倍？

解：乙给甲2个梨后，乙剩下几个？

6-2=4（个）

甲得到乙的2个梨后，共有几个？

10+2=12（个）

甲的个数是乙的个数的几倍？

12÷4=3（倍）

验算结果与原题中已知条件相符。

（3）当有的应用题可能有两种或两种以上的不同解法时，可以用与原运算不同的解法再算一遍作为验算。

例题也可以这样解：

甲乙共有几个梨？

10+6=16（个）

16个梨相当于乙剩下的几倍？

3+1=4（倍）

甲得到乙若干个后，共有多少个？

4：3=16：x（正比例）

　　x=12（个）

甲得到乙多少个？

　　12-10=2（个）

平时练习时，解题的第四步和第五步必不可少，第三步在初学时可写出来，熟练后省去，其他步骤在大脑或草稿上进行。

运用多种方法分析应用题

分析应用题，就是要挖掘题目中的数量关系，从中找出未知数量与已知数量的关系，从而获得正确的解题方法，这是能否正确解答应用题的关键。分析应用题的方法很多，常用的有：

1. 图解法

当题目不好理解，计算方法也难决定时，运用图解方法，可以找到解题线索。

图示：

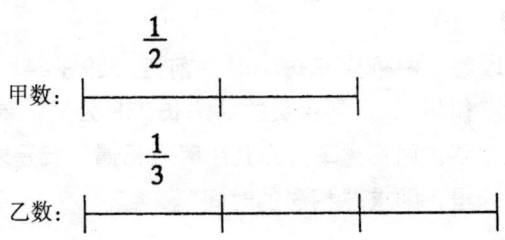

如：甲乙两数的差是8，已知甲数的$\frac{1}{2}$等于乙数的$\frac{1}{3}$，求甲、乙两

数各是多少?

从图中可得甲是乙的 $\frac{2}{3}$，或者甲与乙的比为 2:3。所以：

$8 \div (1 - \frac{2}{3}) = 24$ ……乙数

$24 \times \frac{2}{3} = 16$ ……甲数

2. 演示法

刚学习应用题或学习行程、工程问题时，采用实物演示的方法，有助于理解题意。

如：从北京到包头的铁路长 738 公里。两列火车从两地同时相对开出，北京开出的火车平均每小时行 59 公里；包头开出的火车平均每小时行 64 公里，两列火车开出后几小时可以相遇？

先把题目的条件、问题画成线段示意图（如下图）。然后把用硬纸片剪的两列火车分别从画的铁路线两端同时相对运行。边演示边思考：

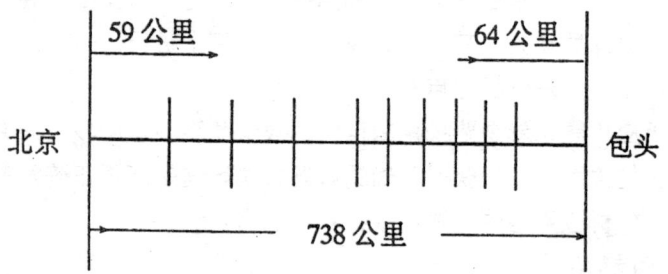

（1）1 小时后，北京开出的火车离北京有多少公里？包头开出的火车离包头多少公里？

（2）从北京和包头开出的两列火车 1 小时一共前进了多少公里？2 小时？3 小时？……

从演示中理解：两列火车每小时共前进（59+64）公里，就是两列火车的"速度和"；北京到包头的铁路长 738 公里，就是两列火车的"行程和"；题中要求两列火车开出几小时后相遇，就是求 738 公里有几个（59+64）公里，即求"相遇的时间"。

3. 假设法

如：体育室买了 2 个篮球和 3 个排球，共花去 59 元，一个篮球比一个排球贵 12 元,蓝球和排球的单价各是多少元?

可以这样思考:假如买的都是排球(或者都是篮球),所付的总价将有什么变化?把 2 个篮球换成 2 个排球,就会少花 12×2 = 24(元),59 - 24 = 35(元)将是 5 个排球的总价;如果把 3 个排球换成 3 个篮球,就要多花 12×3 = 36(元),59 + 36 = 95(元)将是 5 个篮球的总价。根据假设所变化的条件,问题就迎刃而解了。

4. 对应法

有些应用题可以从关键词出发,寻找数量间的对应关系。

如:甲班 40 人,乙班 35 人,甲班比乙班多修补图书 15 本,假如每人修补的图书同样多,平均每人修补多少本?

可以从题中"甲班比乙班多修补 15 本"这个条件出发,找出甲乙两班人数之差,这样 15 本正好是(40 - 35)人所修补的图书,求出每人修补的本数,往下解答就不困难了。

5. 转化法

有些题目形式比较生疏,如果在解题时能把某些条件转化成实质相同而表达形式不同的条件,就能使数量关系逐步明朗。如,从"甲乙两数的比是 5:7"就可以联想到:(1)乙数与甲数的比是 7:5;(2)甲数是 5 份,乙数是 7 份,相差 2 份;(3)甲数是乙的 $\frac{5}{7}$;(4)乙数是甲数的 $\frac{7}{5}$;(5)甲数占甲乙两数和的 $\frac{5}{12}$;(6)乙数占甲乙两数和的 $\frac{7}{12}$……

如:甲乙两仓库存大米 8 万斤,现在从甲仓取出 1 万斤大米放入乙仓,这时甲仓中的大米的 $\frac{1}{2}$ 正好是乙仓中的大米的 $\frac{1}{6}$,问甲乙两仓原来各有大米多少万斤?

把已知条件中"甲仓的 $\frac{1}{2}$,正是乙仓的 $\frac{1}{6}$"转化为"甲仓的大米与乙仓大米斤数比为 1:3,一经转化,这道题的解法就简单了,所以

$8 \times \frac{1}{4} + 1 = 3$(万斤)……甲仓

$8 \times \frac{3}{4} - 1 = 5$(万斤)……乙仓

6. 顺推法

如：星火煤矿上半年计划产煤66万吨,实际每月比原计划多生产2.2吨。照这样计算,完成上半年计划要用几个月?

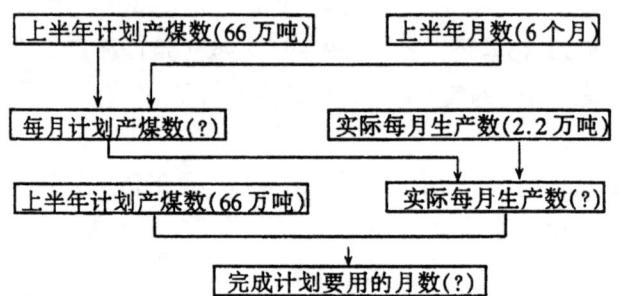

7. 逆推法

如王师傅上街买书,第一次用去所带钱的一半后,又从银行取出36.8元;第二次买书又用去比身边所有钱的一半还多12.7元。这时还剩下30元,王师傅原来有多少元钱?

这道题要用逆推法来解。要先求第二次买书时王师傅身边所有的钱,然后再求第一次买书时王师傅身边所有的钱。(30+12.7)×2=85.4(元)。(85.4-36.8)×2=97.2(元),这就是所求的答案。

一题多解,一题多变,比较异同

如"某厂生产机器零件,计划每天生产400个,15天完成,实际每天工作效率提高了20%,实际完成任务要多少天?"这道题可以有以下多种解法:

(1) 习惯解法：$400 \times 15 \div [400 \times (1+20\%)] = 12.5$(天)

(2) 用方程解：设实际完成任务的天数为 x
$$400 \times 15 = 400 \times (1+20\%) x$$

(3) 用比例解：设实际完成任务需要 x 天
$$\frac{1}{1+20\%} = \frac{x}{15}$$

(4) 舍去"400个"这个条件
$$1 \div [\frac{1}{15} \times (1+20\%)] = 12.5 \text{(天)}$$

(5) $15 \div (1 + 20\%) = 12.5$（天）

其中第五种解法是最优解法，不仅舍去了"400个"这一条件，而且大大简化了解题思路。

通过对应用题"一题多变"，可以进一步掌握应用题的结构，认识数量关系。如变化应用题的故事情节，但数量关系不变；把已知条件和问题互换；把原题中的某一个直接条件改为间接条件，使题目逐步复杂；把间接条件改为直接条件，使题目简化，等等。

有些应用题的条件和问题看似相同，其实不同。这就要靠对比，区别异同。如：

一批煤计划每天烧6吨，可烧70天，如果每天节约0.4吨。这批煤可烧多少天？

一批煤计划每天烧6吨，可烧70天，如果每天节约0.4吨，这批煤可以多烧几天？

又如：一种药水，药液与水的重量比是1:50，5公斤药水中有水多少公斤？

一种药水，药液与水的重量比是1:50，5公斤药液要加水多少公斤？等。

列方程解应用题的方法

列方程解应用题的步骤与解一般应用题的步骤基本一样，只是列方程解应用题的思路与用算术方法解应用题的思路不同。

1. 步骤

仍以前面的例题为例：甲有10个梨，乙有6个梨，乙给甲几个后，甲的个数是乙的个数的3倍？

（1）弄清题意（同前面一样）

（2）选择一个未知数用字母 x 表示，即提出"设"，将题目中的其他有关未知数用含有 x 的代数式表示。列方程解题，一开始就让未知数 x 和已知数处于同样的地位，并直接参加列式运算，所列出的方程是题中等量关系的直接"翻译"。

设乙给甲 x 个后，甲是乙的3倍，则乙给甲共若干个后，乙剩 $(6-x)$ 个，甲得到后增加到 $(10+x)$ 个。

（3）根据已知条件分析，题目里数量间关系，进而找出等量关系，列方程。

方程：10 + x = 3（6 - x）

（4）解方程，求 x 值

解：10 + x = 18 - 3x

　　x + 3x = 18 - 10

　　4x = 8

　　x = 2（个）

（5）检验题解是否符合实际（一般可不写出）

检验：把 x = 2 代入原方程

　　左边 = 10 + 2 = 12

　　右边 = 3（6 - 2）= 3 × 4 = 12

　　左 = 右　所以 x = 2 是原方程的解

（6）写答案（同前）

2. 运用多种方法寻找等量关系

（1）运用学过的知识分析等量关系

如：商店运用 8 筐苹果和 10 筐梨，一共是 820 斤，每筐苹果重 45 斤。每筐梨重多少斤？

可以这样分析：总量 820 斤是哪几种水果重量的和？8 筐苹果的重量与水果总重量 820 斤是什么关系？根据已学过的部分数与总量的三量关系，可列出几个方程来？

（2）抓关键词找等量关系

反映差数关系、倍数关系的应用题，有时不易分清数的大小和找准"1 倍数"，这就要抓住"比……多（少）"、"是……的几倍?"、"比……的几倍多（少）"等关键词语，找出等量关系。

如：一个化肥厂，今年一月平均日产化肥 284 吨，比去年平均日产量的 2 倍还多 44 吨，去年平均日产量多少吨？

"多 44 吨"是"谁"跟"谁"比？"去年日产量的 2 倍"是什么意思？今年一月日产量跟去年日产量的 2 倍比，多 44 吨，可以用一个怎样的等式表示？

（3）利用列表、图示等揭示等量关系

有些应用题的等量关系比较隐蔽或抽象，可以利用列表或图示形象来揭示等量关系。

如：学校饲养组去年养兔 25 只，比今年养的只数的一半还少 8 只，今年养兔多少只？

可以画线段图，揭示等量关系：

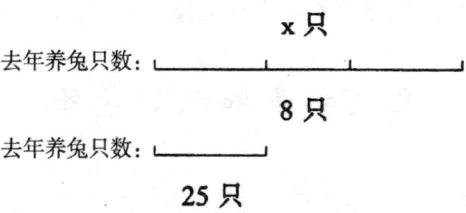

从图中可以看出，去年只数不到今年只数的一半，怎样才能使去年只数和今年只数的一半相等呢？不难列出方程。

(4) 从变量中找出不变量，发现等量关系

行程问题、工程问题、比例分配问题、锻压冷却问题等，都是一组或几组相关联的量在某种量不变的情况下发生变化。如"一台机器，每小时加工零件45个，技术革新后，现在每小时加工零件60个，原来一天8小时生产的任务，现在只要几小时就能完成？"题中有"原来每小时加工零件的个数、生产的时间及总的生产任务"三者之间的关系；又有"现在每小时加工零件的个数、生产的时间以及总的生产任务"，三者之间的关系。从原来到"现在"，"每小时加工零件的个数"、"生产的时间"这些数量都变化了，但题中"总的生产量"就是一个在变化过程中保持不变的量。因此，原来8小时生产的总量与现在 x 小时的生产总量相等，可以列出方程：$60x = 45 \times 8$。

【提示】

★解答应用题首先要认真审题，弄清题意。

★然后分解题目中的数量关系。

★在分析数量关系的基础上，制定解题计划。

★根据解题计划，列式计算。

★求出结果后，写出答案。

★最后要验算列式是否正确，运算是否有误。

★要学会运用多种方法分析应用题中的数量关系。

★学习一题多解，一题多变。

★对易混易错的题目要加强比较。

★列方程解应用题要把未知数设成"x",并直接参加与列式运算。

★列方程解应用题所列的方程是题目中数量关系的直接"翻译"。

★要掌握多种方法分析题目中的数量关系,正确列出方程式。

几何初步知识的学习

【测试】

1. 你是否仔细观察一个图形并找出它的特征?

2. 你是否经常受到日常生活中的一些观念的影响?

3. 你经常混淆一些相似相近的图形吗?

4. 你常常不看图形的特征,而只按算术方法来计算几何形体的周长、面积吗?

5. 你是否常常通过折一折、画一画、量一量、拼一拼的方法发现图形的特点?

6. 你对一些图形的异同作过比较吗?

7. 你是否在脑海中想象一个图形的组成部分?

8. 你是否对学过的图形作过总结?

如果你有三道问题回答"否",就应该看下面的内容。

仔细观察

如学习垂线,平时看到的总是位置很特殊的图形(图1),而图2、3、4也是垂线,在图5中,不仅AB与CE是相互垂直,而且CD与CF也是相互垂直的。这就需要仔细观察,认真思考垂线的含义,即两条直线相交成90度。

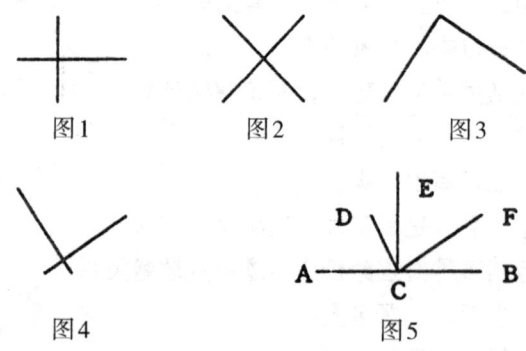

图1　　　图2　　　图3

图4　　　图5

比较异同

如：学习了周长与面积后，请计算下面图形的周长与面积。首先必须判断哪是周长，哪是面积？并可发现有的图形面积相等，但周长不等；而有的图形周长相等，但面积不等。原因就在于周长与面积是含义不同的两个概念。

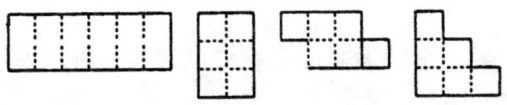

摆脱日常影响

譬如，一般我们总是如图1那样画角，面对其他几个角则不容易识别。对在复杂图形中辨认角更是困难。如图3中有几个角？这就需要我们摆脱日常影响。

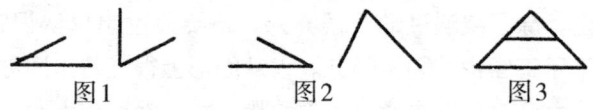

图1　　　图2　　　图3

克服算术的消极影响

在求几何形体的面积、体积时，要用到计算方法。一些"数的计算"往往会干扰"图形的求积"，如：

把一个边长1厘米的正方形拼成一个长方形，它的周长是多少？

由于受到求"几个几"、求相同加数和乘法意义的影响，很多同学往往算成：$4 \times 3 = 12$（厘米）

又如，求半圆的周长时，不少同学受到"一半"就是"二等分"的影响，认为是：圆周长÷2而忽略其中的直径，如图。

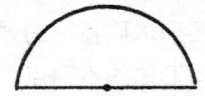

动手操作

量一量：用直尺测量线段，用直角板测量角（是否直角）。

画一画：画线段、三角形、四边形……在下面图形中间画一条线段使它成为一个矩形和一个三角形，或成为一个正方形和一个四边形等。

剪一剪、拼一拼、折一折：把一个正方形剪成四个相等的三角形，再用四个三角形拼成一个大三角形；在长方形上折出一个正方形。

运动变化

如下图所示的是垂线演变成平行线的过程。可以发现垂线、相交线、平行线三者之间的关系。

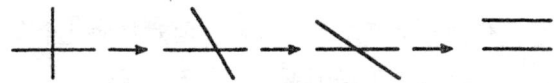

想象

有些图形，除了要通过动手摆弄外，还要通过想象认识它的特征。如：用分数表示下图中的阴影部分。仅从图形上很难看出阴影部分占整个图形的几分之几。可以先通过小方块摆一摆，然后闭上眼睛想一想拼摆过程，想想图形是如何组成的，如果在头脑中能够想象出来，就能够用分数表示阴影部分。经常这样想一想，对形成空间观念是很有益的。

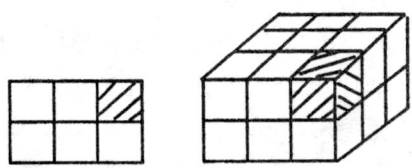

【提示】

★要仔细观察图形的特征。

★多动手操作，加深对图形本质特征的理解。

★要注意日常概念与几何形体的不同点。

★对一些易混易错的概念和图形，要加强对比。

★通过计算认识图形的特点。

★在动手操作的同时，要想象操作过程，在脑海中形成图形的特征。

英语的学习方法

学习英语字母的方法

英语中共有 26 个字母,所有的英语单词都是由这 26 个字母组成。所以,小学英语课本一开始就是教同学们这 26 个字母。掌握 26 个字母的发音和拼写,是同学们学好英语的基础。

1. 怎样练习 26 个字母的发音

1)仔细听老师的发音或录音磁带上的发音。听老师读字母时,同学们还应该注意老师的口型。

2)认真地模仿发音。特别是要大声地读出来,让老师听见,一有发不准的音,老师马上可以帮助纠正。

3)学唱字母歌,进一步复习 26 个字母的发音,同时记住 26 个字母的排列顺序。

2. 怎样掌握 26 个字母的拼写

1)练习每个字母大写、小写的笔画、笔顺。26 个字母的大、小写都要记住。同学们一开始就要严格要求自己,按书上规定的笔画、笔顺来写。可以先临摹,然后自己再独自写。

2)练习大、小写字母的替换。就是先随便写一些大写字母和小写字母,例如:A d f B H,然后将大写字母写成小写字母,将小写字母写成大写字母,如 a D F b h。

3)比较容易混淆的字母。例如:b d、c e、C G、E F 等。

4)练习填写单词中所缺的字母。例如 c ____ ke、____ oy、____ at,分别填 a、b、c。这种练习不仅巩固了字母的拼写,而且为今后学单词打下了基础。

总之,字母的发音和书写首先要求准确、规范,然后再练习,最后争取达到熟练、快速。

【提示】 掌握 26 个字母的发音和拼写,是同学们学好英语的基础。

培养天才学习 ABC

练习字母的发音要注意仔细听音，然后大声地模仿发音。字母的书写要求大小写字母都会写。练习时注意字母的笔画、笔顺，多做大、小写字母的替换练习，区别容易混淆的字母。

学习英语语音的方法

学好英语语音，首先要掌握 48 个音标的读音和书写，然后要求能拼出每个单词的发音，准确地读出单词。

1. 怎样学习 48 个国际音标

1）课堂上要认真模仿老师的发音。小学生的模仿能力很强，只要认真地跟老师大声地读，多读几遍，一般每个音标都能读准确。如果有一些音标读不准，课堂上可请老师分析一下，这些音标的发音要领。如舌头放在什么位置，怎么送气，送气时间长短等。

2）课后听录音反复读音标。特别是对自己发不好的音标，一定要反复听、反复读。读的时候还要想一想自己的发音口型是否正确，有必要还可以对照一面小镜子，看看自己的口型摆对了没有。

3）区别发音相近的音标。例如：元音音标里的长元音和短元音，[ɑː]［ʌ］、[iː]［i］、[ɔː]［ɔ］等，它们的口型是一样的，只是长元音发音时气流持续时间较长，而短元音发音时气流持续时间较短。辅音音标里的清辅音和浊辅音，[t]［d］、[h]［k］等，它们的口型也是一样的，只是清辅音送气时较轻，浊辅音送气时较用力，似乎气流往外时受到了阻挡。

4）正确地书写音标。音标的书写和字母不同，特别是元音音标的书写。例如：书写单元音［æ］、［i］、［ɔ］时，同学们可以和字母放在一起比较，对照着写，区别他们的不同，如 a［æ］i［i］o［ɔ］。对双元音的练习，要记住哪几个字母组合是发这个音。例如 oi［ɔi］、air［ɛə］、ear［iə］等。

5）归纳总结不同的字母组合发同一个音；同一个字母发不同的音。例如：er、ir、ur 都读［ə：］，而 a 可以读［ei］、［æ］，o 可以读［əu］、［ɔ］。

2. 怎样学习拼读单词

1）学会划分单词的音素。单词中一个音标就是一个音素，同学们首先要读准每一个音标，然后再连起来读。

2）区分单音节和多音节的单词。单词中一个元音就是一个音节，单音节的单词比较好读，同学们特别要注意多音节单词的读音。因为多音节中有重读音节，到底哪一个音节重读，要看单词的音标，从一开始就要求发音准确。如：ticket ['tikit] today [ta'dei]。

3）注意同一个字母在不同单词中的不同发音。例如：base [ei]、sad [æ]。

4）充分利用课后的词汇表。课后的词汇表给每一个单词都注了音标，同学们在抄写单词的时候，也应该抄写音标。而且音标会读会写，根据音标记单词，单词会记得又快又牢。

总之，学习音标要注意多听音，多模仿，多练习。48个音标是基础，音标可以帮助读准单词和记忆单词。音标的学习和单词的学习要紧密结合起来。语音学好了，对同学们提高英语听说能力也有很大的帮助。

【提示】　学好语音是学好英语的入门途径。学音标要多听音、多模仿、多练习。特别要多比较发音相近的音标，音标书写与字母书写的不同。拼读单词时，单音节的单词注意读准每个音标，多音节的单词要注意重读音节。区别同一字母在不同单词中的发音。另外，还要充分利用词汇表。

记忆英语单词的方法

1. 创造和利用记忆单词的环境

一些良好的环境，一些有利的条件，就像一座座桥梁，踏上这座桥梁，同学们会走向快速记忆单词之路。为此，请同学们做到以下几点：

1）要有高度集中的思想观念。在记忆单词过程中，不论是朗读，还是默诵，不论是听，还是写，都要全神贯注于所记忆的单词中。思想集中，记忆力才好，效率才高，假如思想不集中，记忆单词时，脑子还想别的事情，或者还同时做别的事，记忆效果肯定不会好。

2）要寻找最佳记忆时刻。心理学研究结果表明，早晨起床后和晚上睡觉前，往往是一天中的最佳记忆时刻。因此，同学们不妨在早晨和晚上睡觉前拿出几分钟或十几分钟的时间来记忆英语单词，坚持下去，必有收获。当然，在其他时间，如饭前饭后、等车、散步等时间，也可用来记忆英语单词。

3）要遵循记忆规律。今天学到的单词，可在明天复习一次，过3—5天后再复习一次，一个星期或一个月之后还应该复习一次。也就是说，要在单词快要遗忘之前及时复习，这样才能记得牢。

4）要做到耳到、眼到、口到、手到、心到，即"五到记忆"。耳到是听清发音，眼到是仔细观看每个单词是怎样拼写的，口到是出声读，手到是用手写几遍，心到是注意力集中。

5）利用录音机记忆。如果有录音机的话，你可以把要记忆的单词先录进去，然后反复播放，反复记忆。

6）利用卡片记忆。笔记本随身带，既不好用，又不方便。同学们不妨多做一些小卡片。在卡片的一面，记下要记忆的单词；在另一面写上该词的中文意思。这样同学们可以每次带几张卡片在身边，只要有时间，就很方便地拿出来记。看看中文想英文，看看英文想中文。这样经常的记忆，对记忆单词会很有帮助。

7）利用图画记忆。借助立体感很强的生动的图画来记忆单词，不仅能鲜明地揭示出英语单词的内在涵义，而且能形象地描绘出某些词义抽象单词的空间意义，使同学们对所记忆的单词一目了然，在大脑中形成直观概念，从而避免了使人感到枯燥乏味的语言叙述。小学英语课本中有许多的图词配对，为同学们记忆单词创造了好的条件。所以同学们要多看书，看图理解单词，加深记忆。

2. 寻找单词本身的规律，掌握巧记单词的方法，任何事物都有其规律性，英语单词也是如此。下面就根据英语单词内部的联系，为同学们提供一些有效可行的记忆法，精通这些记忆法，同学们也就掌握了英语单词记忆大门的钥匙。

1）拼读记忆法

能读出来的单词，一般就容易写出来，可见，读音与拼写有一定的联系。在英语中，大部分单词是符合读音规则的，这些规则对于记忆单词是很有用的。

例如：同学们知道元音字母 o 在重读开音节时读作 [əu]，根据这些规则，go, hope, home, note 等词，不用费什么劲就记住了。再举一个元音字母组合的例子，ay 读［ei］。小学教材中所有带 ay 字母组合的词，如 say，day，way，may，play，不仅发音容易，而且拼写也没有任何困难。

当然，英语发音规则很多，又有许多例外情况，要记住它们并不容易。但是为了帮助记单词，花些时间，记住一些常用发音规则还是很有用的。

2）谐音记忆法

尽管有些语言学家认为，用这种谐音记忆法记忆单词不科学，对学习者正确掌握发音不利。但学习英语的实践证明，在最初学英语时，尚未掌握英语的构词特点和记忆单词规律的初学者来说，采用谐音记忆单词确实能有效地记住一部分难记的单词。不过，在用谐音法记单词时必须注意的一个重要问题是，只可把此法作为记单词时的谐音联想手段，以增强和加深记忆，但绝不可将其作为模仿发音的依据，而必须按照单词的标准发音去读记，以避免这种记词法干扰正确发音。

用谐音法记单词，是指根据英语单词的读音到汉语中去寻找与其读音相类似的谐音，而且这一谐音必须能同某些人、事、物或单词所表达的意思有趣地联系到一起，从而使学习者对单词谐音所联想的事物发生好奇的兴趣，进而在学习者的大脑中留下难以遗忘的印象，甚至终身不忘。

例如：mouth［mauθ］嘴［联想：说话"冒失"的就是嘴］、hair［hɛə］头发［联想：头发真"黑啊"］、sing［siŋ］唱［联想：歌唱应有"声"］、think［θiŋk］想［联想：想时要"深刻"］。

3）构词规律记忆法

要记住大量单词，一定要懂构词法。这样，你可以通过一个单词或词根来记住其他单词，甚至是一串单词，常见的构词法有：

（1）派生法（也叫词缀法）。这种方法是将词缀（前缀或后缀）加在词根上就构成了新单词。如 secfish（adj. 自私的）加上后缀可以构成 selfishly（adv. 自私地），selfishness（n. 自私），加上前缀可以构成 uhsecfish（adj. 无私的），unselfishly（adv. 无私地），unsecfishness（n. 无私）。

（2）合成法。它是将两个或两个以上的词合在一起构成一个合成词,它的意思可根据所含单词的意思推想出来。如:black + board→blackboard, food + ball→football, he + goat→hegoat(公山羊)。

(3)转化法。即不改变词形,把一种词类转化成另一类词类。如:empty(adj. 空的)→empty(v. 倒空), fish(n. 鱼)→fish(v. 钓鱼), face(n. 脸)face(v. 面对)。

(4)缩略法。即是用原词的第一个字母截取原词的局部构成新词。例如:U·S·A(=the United States of America), phone(=telephone)等。

4)分类记忆法

将单词按一定的方式分类,有助于弄清单词的联系,造成更多的联想条件,加深记忆。单词的分类方法很多,可以按照词性、词形、词义、读音等方面进行分类。下面介绍两种分类方法:

按单词的意义分类。如:表示交通工具的名词有 bike, 运用适当的方式,把记忆单词变得生动有趣。具体来讲,你可以试用如下几种方法:

(1)调换字母位置法,如:把 now 中的 n 移到后面就变成了 own, 再如:eat – tea, dog – god, saw – was, ear – are 等。

(2)替换字母法,如:将 shirt 中的 h 换成 k 就变成了 skirt, 再如:house – horse, rest – test, sing – sink 等。

(3)增减字母法,如:将 way 前面加上 a 就变成了 away, 将 thing 之后去掉 g 就变成了 thin, 再如:rise – raise, wait – waist 等。

3. 在具体语言实践中巩固所学的单词

实践证明,单纯地、孤立地记忆单词是不可能记得牢的,即使暂时记住了,也不知如何使用,以后还会忘记。只有将单词放在句子里,反复进行各种练习,才能运用自如,永记不忘。为了加强记忆,同学们还应该进行以下几个方面的训练:

1)听说训练

我们的本国语言能说得那么好,就是因为有大量的听说机会。为了学好英语,我们应该创造环境,进行听说训练。你应该运用你所学的单词与其他同学谈话,既可以提高听说能力,又可以巩固所学的单词。不要怕出错,一句话或一个单词不会说或没听懂,可以问别人或查词典,以后,这句话或这个单词在脑子中也就留下了印象。

2）情景反应

当你看到一棵树时，可以联想到 tree 这个单词；当你看见公共汽车开来，可回忆起 A bus is coming. 这个句子；当你听见别人告别时，可想到 Good – bye 这个单词；当你听到别人说一些简单的话语时，你可以试着译成英语。如此训练下去，你的英语水平会逐步提高。

3）广泛阅读

你若想永远记住一个单词，就必须经常接触这个单词，日常会话可以练习这个单词的发音，而要认清这个单词的词形及其变化，还必须进行广泛的阅读，多多接触同一个单词在各种语言环境中的不同用法。对于小学生，最好读一些简易的带注释的英语小故事。

4）搞点写作

用英语写作文，可以帮助你熟练地掌握和运用学过的单词。有些单词，你可能是见面能识，可是，提起笔来往往不会写，或者经常出现拼写错误。要克服这个缺点，就应该抽出时间搞一点写作。最好坚持写日记，把你所见所闻写下三句、五句。日积月累，你就会掌握大量的英语单词。

【提示】 记忆英语单词首先要创造和利用记忆单词的环境，如：要有高度集中的思想观念；要寻找最佳记忆时刻；要遵循记忆规律；要做到耳到、眼到、口到、手到、心到，即"五到记忆"；利用录音机记忆；利用小卡片记忆；利用图画记忆。其次，寻找单词本身的规律，掌握记忆单词的方法，如拼读记忆法、谐音记忆法、构词规律记忆法、分类记忆法、对比记忆法、对应记忆法、趣味记忆法。最后，在具体语言实践中巩固所学的单词，如加强听说训练，进行情景反应、广泛阅读、搞点写作等。

学习英语语法的方法

1. 练好基本句型

我国近年来的英语教学实践证明：在初学阶段，采用听说领先、学习基本句型的方法去学习英语语法，是行之有效的方法。所以，小学英语课本的内容大都是基本句型。因此，小学生要掌握好语法，必须从熟练掌握课本上的基本句型入手。

  同学们在学习基本句型时,最好找一个"志同道合"的同学组成"一对练",自觉地从听说入手,每天你问我答,把句型反复操练,达不到滚瓜烂熟,誓不罢休。练习的基本句型应该由浅入深,由简单到复杂;讲求熟练掌握,不要贪多求快。

  通过学习句型学习英语语法,还要注意一点是:在听、说领先的前提下,写、读要跟上,力求听、说、写、读四会均衡发展。通过这四会训练,能帮助同学们牢固地掌握语法。

2. 掌握语法要点

  小学英语课本每课结尾都有归纳好的语法要点,这是同学们必须重点掌握的。对于小学生来说,掌握语法要点的最好方法是填词造句。例如:课后归纳的:"Where⋯is/am/are⋯going?"和"⋯is/am/are going to⋯",这是问某人要去哪里及回答,运用的是一般将来时时态。同学们可以用自己熟悉的单词代替省略号,说出一个完整的句子。如:"Where is she going? She is going to her office." "Where are they going? They are going toschod."这样,不仅复习了所学的单词和句型,而且也牢固地掌握了这一语法知识。

  小学生要掌握的语法要点主要有以下几个方面:

  1)名词

  名词是小学生接触较多的一类词。在学习名词时,要着重掌握名词单复数变换规则。通常,名词又有可数名词和不可数名词之分。对于可数名词,一般情况下,直接在名词后加"s",就能将名词变成复数形式。如 bed,bag,cat 等,但也有一些较特殊的复数形式。

  (1)当名词字尾是 o,x 时,在变成复数时要加"es"

  如 box – boxes,fox – foxes

  (2)当名词字尾是 f,fe 时,把 f 和 fe 改为 ves

  如 wolf – wolves(狼) knife – knives(小刀)

  (3)下列的字是不规则名词。

  如 man – men(男人) child – children(小孩)

    woman – women(女人) ox – oxen(公牛)

  (4)people(人们),police(警察)等字本身就是复数形式,所以不再加 S。

对于不可数名词，由于它不存在复数形式，因此，在使用时，要将其当做单数，后面接单数动词。若是以 -s 或 -ics 结尾的不可数名词应特别注意，必须看做单数名词。千万不要当复数用，而且其前面也不可接冠词"a/an"。

如　No news are good news（误）
　　No news is good news（正）

2）冠词

（1）不定冠词"a"与"an"的区别

①"a"后面接"以辅音开始的字词"

如 an mathematics student（误）
　　a mathematics student（正）

②"an"后面接"以元音开始的名词"。

如 a English teacher（误）　 a American engineer（误）
　 an English teacher（正）an American engineer（正）

③下列两种情形应特别注意，必须以"实际发音为准"。

a. 当字首的辅音字母"h"不发音而次字母发元音时，该单字以"元音开始"论。

如 a hour（误）　 a honest man（误）
　 an hour（正）　 an honest man（正）

b. 当字首的元音字母"u"和"eu"念成[ju]时，或者，"o"念成[w]时，该单字以"辅音开始"论。如 an university（误）　 a university（正）

（2）定冠词"the"的用法

①定冠词"the"原则上出现在普通名词，集体名词，物质名词之前，所表意义如下：

a. "特定的概念"（=this，that，these，those）

如 please open the windows（请你打开那窗户）

b. "总类"

如 The owl can't see well in the daytime（猫头鹰在白天不能看得很清楚）

c. "天地"，"月亮"，"太阳"及"方位"，"虚空"，"日夜"等具有"宇宙间独一无二的概念"。

如 <u>the</u> sun, <u>the</u> moon, <u>the</u> earth

②最高级形容词及序数之前必须加"the"

如 <u>the</u> highest mountain（最高的山）

3）代名词

（1）人称代名词的用法

①主词使用主格，动词及介系词的受词用受格

如 He　　　　beats　　　　me
（主词）　　（动词）　　　（受词）

②一般所有格 my（我的），your（你的）her（她的），our（我们的）their（他们的）等，意义上等于形容词，但不能当做补语用。然而，如 mine（我的东西），yours（你的东西），hers（她的东西），ours（我们的东西），theirs（他们的东西），意义上，用法上等于代名词，可当做主词、受词、补语用。

如　This book is your（误）

This book is yours（正）

（2）This，These 和 That，Those 的用法

①用以指称较近的事物，单数用 this，复数用 these；用以指称较远的事物，则单数用 that，复数用 those。如果指称"时间"、"程度"时，只能使用单数的 this 和 that。

如 those time（那时候）（误）these short（这么短）（误）

that time（那时候）（正）this short（这么短）（正）

②为了避免重复，that 代替前面所提过的单数名词，those 代替复数名词。

4）时态

（1）现在简单式的用法

①表示现在的"状态"或"事件"

如 I am a teacher（我是个老师）He has three daughters（他有三个女儿）

②表示"习惯"或"习性"

如 He usually gets up early（他通常早起）

③表示"真理"或"格言"

如 The earth is round（地球是圆的）

④表示"来往"的"运动动词"（如：go, come, leave 等）可以用现在简单式代替未来式

如 We leave for Beijing tomorrow. （我们明天前往北京。）

（2）过去简单式的用法

①表示过去的"状态"或"事件"

如 I was there last night. （昨晚我到过那里。）

②表示过去的"习惯"或"惯例"

如 He came to see me once a week. （他过去每星期来看我一次。）

（3）未来简单式的用法

①表示未来的"状态"或"事件"

如 I will be there tomorrow morning. （明天早上我会到那里。）

②表示未来的"习惯"或"惯例"

如 We will meet once a week. （我们将每星期会面一次。）

（4）现在进行式的用法

①表示此时此刻正在进行的"事件"

如 I am reading the newspaper now. （我现在正在看报纸。）

②表示"未来"的"运动动词"（如 go，come，leave 等）可以用现在进行式代替未来式，表示"不久的将来"

如 I am coming. （我马上就来。）

3. 对比英语和汉语的语法

英语和汉语属于不同的语系，英语语法和汉语语法的区别很大。英语学习中出现的许多错误，往往是由于汉语语法习惯在同学们的头脑中已经根深蒂固，对英语语法的学习产生种种干扰。要排除这种干扰，最好的方法是经常对比英语与汉语语法的异同。且举数例：

人家问你："Haven't you read this book?"（你没有读过这本书吗?）如果回答是否定的，依据汉语的习惯，回答通常是："是的，我没有读过。"但说英语时，你就得说："No, I haven't."

英语说："She is too tired to run on."译成汉语却得说："她太累了，不能再跑了。"这中间要加上"不能"这个否定词。

我们只有掌握了这些区别，才有可能把语法学到手。可见在语法学习中，自觉地运用对比法是很重要的。

4. 进行大量的语言实践

英语语法学得好不好，主要不是看你的语法书读得多不多，语法规则背得熟不熟，而是看你在实践中能否正确掌握所学的语法知识——听得懂，说得对，写得好，读得通，译得确切。要达到这个地步，就得靠多听、多说、多写、多读、多译，也就是做反复的、大量的、多样化的练习。

"学习英语有没有捷径？""没有。"要说有，那么进行反复的、大量的、多样化的练习就是一条捷径。学习语法当然也不例外。如果你的实践多，这个语法项目即使你不想去掌握，也会自然而然地掌握了。你的练习做得越多，你的口、笔头错误就越少，这个语法项目也必然掌握得越牢。至于课后归纳的语法，尤其需要反复练习。

【提示】 学英语不学语法，单靠一音一节，一字一句地模仿和记忆，就如一盘散珠，没有穿线，拎不起来。学了语法就能把这盘散珠分门别类地串起来，井井有条，便于掌握了。学习语法的路子有四种：练好基本句型，掌握语法要点，对比英语和本族语的语法，进行大量的语言实践。

训练听力的方法

听、说、写、读、译五会，头一会就是听。听是吸收新鲜语言材料的重要手段。学龄前儿童主要是通过听，而不是通过读去获得新的知识。

要想提高听力，必须做到以下几条：

1. 要重视听力训练的作用，要对听产生强烈的兴趣

听与说的关系十分密切。听是说的基础，不能听的人是说不出来的。听力训练是口语训练中重要的组成部分。只有通过大量的听，才能吸收丰富的口语材料，熟悉语言的口头形式，并在这个基础上表达思想。听力不强，直接影响到会话的进行。一个翻译员听不清交谈双方的话，要么无从翻起，这时不得不说："I beg your pardon."（请再讲一遍）；要么吞吞吐吐，像钝刀割肉。

加强听力训练，除了可练说英语的本领外，还可提高用英语进行思

维的能力，提供学习英语的环境，改进语音语调，扩大知识面，更快更牢地记忆生词，并加深对所学知识的印象。

2. 要努力为听力训练创造条件

目前，随着教学法的改进和电教设备的使用，收音机、留声机、录音机、录音带、电视机、英语电影等日渐普及，还开设了英语广播讲座和英语电视讲座，为听英语提供了极好的条件，同学们应充分利用。

3. 要选好听力材料

小学生可以听与课本相配套的听力磁带。听的时候，也是对照教材，由浅入深。若听其他的入门阶段的听力材料，应要求语音语调规范，内容也宜由浅入深。

4. 要有大量的听力实践

要天天听，月月听，持之以恒。训练听力，也应是由易到难。

第一步，同学们可以从听一个个单词开始，一边听一边写。

第二步，听句子，记住句子的基本句型，了解句子的意思。

第三步，听简短的对话。分辨不同人的发音、语调，熟悉这个交际对话发生的情景和意思。

第四步，听较长的一段话或一篇短文，速度由慢到快。

5. 听与说要结合起来

尤其是精听，听后可模仿语音语调，要找机会跟别人说一说。有些材料听后要复述一下，或回答几个问题。

【提示】 要提高听力，首先，要重视听力训练的作用，要对听产生强烈的兴趣。其次，要努力为听力训练创造条件。第三，要选好听力材料。第四，要有大量的听力实践。第五，听与说要结合起来。

训练英语朗读的方法

所谓朗读，顾名思义，就是大声地读。朗读是英语基本功中的基本功。它可以训练正确的发音和语调，促进口语的发展，并帮助我们记忆生词、短语，熟悉所学的语法现象。通过表情朗读，还可细致地体会文章的精神与风格。不爱开口朗读的人听和说的能力往往比较弱。

同学们应养成朗读的习惯。每天大声朗读单词，朗读句子，朗读课文。每天早晨或晚饭后要坚持课文的朗读训练，较短课文要在朗读基础上进行背诵。

朗读课文的方法步骤如下：

1. 通读课文，找出生词，读不准的生词要查字典上的音标。

2. 分析语句，找出语句重音、语调、停顿、失去爆破、连读等等，并作上记号。朗读时，要严格地按照这些符号去读。

3. 弄懂每句的意思、文章的中心思想和人物的性格特点等。如课文的录音，先要听录音多遍，以便模仿正确的语音语调。

4. 反复读，达到熟练、流畅的程度，短的句子或写得好的句子最好能背诵。

5. 分角色朗读，做情境表演。

刚学英语的同学，朗读的时候不要求速度快，但要把音与调都读好读准。随着英语水平的逐渐提高，可进一步要求读好意群、连续、强调、快慢等，并掌握好朗读文章的要领。

朗读的要领可简单概括如下：

第一，对朗读的内容要有正确的理解和深刻的体会。

第二，要学会运气和掌握口鼻共鸣，读较长的句子之前，要深吸一口气，鼻音要在鼻腔内多留一会儿。

第三，要把音、律、调读准读好。

第四，要善于运用朗读的技巧。注意语速的快慢和感情的应用。

总之，为了掌握朗读的技巧，必须多听、多模仿、多体会；坚持不懈。

【提示】　刚学英语的同学，朗读课文由词到句、到整个文章，只要求把音与调读好读准。随着英语水平的逐渐提高，可进一步要求读好意群、连续、强调、快慢等，并掌握好朗读文章的要领。

练习说英语的方法

"说"是进行国际交往的重要手段。要与外国人联系，就得先练说。因此，"说"是英语学习的目的之一，"说"在五会中也是巩固其他四会的一种手段。"说"为写、读、译打下重要的基础。"说"是五会中最难的一会。"说"与"写"比"听"与"读"困难。而在缺乏外语环境的条件下,"说"比"写"还要难得多。但这决不是说,我们只好放弃"说"这一会了。"世上无难事,只要肯登攀。"我们要想方设法把"说"尽可能搞上去。

1. 从一开始就要进行严格的朗读与背诵训练

朗读与背诵是培养说的能力的重要基础。不喜欢朗读和背诵课文的人,听说能力往往较差。通过朗读和背诵,可以养成开口的习惯。因此,同学们要重视朗读和背诵句型和课文。

2. 狠抓句型训练

入门阶段的句型训练,是为开口说话服务的基本训练,只有能把各项主要的句型练得滚瓜烂熟,达到脱口而出,说的基础便已基本打好。这时,只要进一步掌握在各种情景中使用的日常生活套语,并学会围绕一定专题进行连贯发音,就基本上能够用口头表达自己的意思。

3. 说与听要结合起来

前面讲过,加强听力训练,是提高口语能力的重要条件。通过听的训练,可以模仿正确的语音语调,不断丰富口语材料,并提高口头表达的技巧。

4. 要发挥主观能动性,寻找开口对话的机会

列宁到伦敦后,找到一个想学俄语的英国人互教互学,终于在短期内学会了英语口语。我们虽然不容易找到英国人、美国人当口语老师,但未尝不可以与其他同学组成"一对练",开展对话活动。有录音机的人可请人(或由自己)把课文里的问题录下,留出一定的间隔,以便自己边听边回答。

如果上述条件都不具备,仍然可以独立练习开口,如看图说话、口头作文——就一定的题目作连贯发言。

5. 必须克服难为情、怕说错话等思想障碍

思想上有了这些障碍,就不能大胆开口;即便有了说话的机会也会把它错过。

6. 要经常搜集并熟练掌握英美人常用的套语和有用的表达法

这里随便举几个例子:

中国人和生人或见过几面的人碰面时,都可以说:"你(您)好!"

但在英语里，和生人见面一般有"How do you do?"（你好!）对方也用"How do you do?"回答。只有和已见过面的人寒暄才用得着"How are you?"（你好吗?）和"Quite well, thank you."（很好，谢谢你。）这一类问答。

你如果想问别人家乡的天气如何，不要说"How is the weather like in your hometown?"而要把 How 换成 What：What is the weather like in your hometown?"因为"What is……like?"是个套语。但如果问人家喜欢不喜欢电影，则可用"How did you like the film?"这时如要用 What，便得更换这个套语，说"What do you think of the film?"

7. 和英美人交谈时，要尊重人家的谈话习惯

每个民族都有自己的谈话习惯。汉族人见面时，常常问对方："你吃过饭没有?""你上哪儿去?"这些问题都表示友好或关心。有的生人刚和你谈几分钟就会问："你爱人在哪儿工作?""你有几个小孩?"甚至问"你每个月挣多少钱?"这仍然是友好的表示，被问者并不介意。

英国人的习惯却大不相同。英国人性格比较冷淡保守，他们不愿意和陌生人交谈，不喜欢流露自己的感情，不爱讲自己的私事。如不喜欢别人问多大年纪、挣多少钱等问题。有的人工作或认识了几年，但可以叫不出对方的名字。你在火车上想和邻座的一个英国人攀谈，得先找个借口，如说："Excuse me, but would you mind my opening the window?"如果对方愿意交谈，这时就可能话题转到天气上来。英国人最喜欢谈的是天气。一个英国朋友来访，还没有下汽车劈头第一句话就可能问你："Nice weather, isn't it?"这时你也只能回答："Yes, isn't it?"他们还喜欢谈新闻，不管对方是生人还是熟人，都可以问："Do you know a plane crashed yesterday?"（你晓得昨天一架飞机失事了吗?）以此作为攀谈的开端。凡是报纸、电视、广播上有趣的事，都可以成为聊天的话题。

美国人的谈话习惯与英国人有所不同。美国人遇到生人时不喜欢沉默，爱侃侃而谈。他们与别人打招呼往往用"Hi!"（嗨!）这个词，无论什么地位、年龄、职业的人都这样说，这并不表示对你傲慢粗鲁。关于纯粹是私人的事，如年龄、工资、衣服、财产、宗教信仰、个人私生活等等，美国人也是避而不谈的，否则就是无礼。他们爱谈的是房子、

搬家等方面的事。他们可能问你:"Where do you work?"（你在哪儿工作?）"How many children do you have?"（你有几个孩子?）"How large is your house?"（你的房子有多大?）并以此作为交谈的开始。在他们看来，这些问题不算是纯粹的私人问题。

尤其要注意的是，汉语有些表示法与谈话方式我们自己习以为常，但人家听起来却可能有完全不同的含义。如果你问一个外宾:"Have you had your supper?"人家听了，会以为你想请他吃晚饭呢! 曾经有一个学生为了练口语进入一间文物店和一位外宾攀谈，但他一开始就拍一拍人家的肩膀，出言唐突地问道:"What are you doing?""Can you follow me?""Can you speak English?"（还把you重读了）那外宾以为他是来抓人的，惊恐不已。

【提示】 要想说好英语，应加强如下训练:
★进行严格的朗读与背诵训练。
★狠抓句型训练。
★将说与听结合起来。
★发挥主观能动性，寻找开口说话的机会。
★克服难为情、怕说错话等思想障碍。
★搜集并熟练掌握英美人常用的套语和有用的表达法。
★和英美人交谈时，要尊重人家的谈话习惯。

练习写的方法

要写得好，就要多写。古人欧阳修写文章的秘诀就是多读、多看、多写。

"写"的作用是多方面的。首先，它可以提高用笔头表达思想的能力。其次，它可以帮助巩固已经学到的语法与词汇。此外，它还可以帮助同学们组织自己的思维，提高语言的条理性。

要写得好，必须在不同的阶段采取多样的形式进行大量反复的笔头练习。

1. 在入门阶段，要先练好句子

要模仿学过的句型，进行大量的笔头造句或译句的练习。要特别注意谓语动词的形式是否正确。

2. 进入以课文为主的学习阶段后，练习应该多样化

既要做大量的机械性练习，如围绕课文内容回答问题，做冠词与介词的填空练习等；也要做一部分思考性或活用性的练习，例如，用自己的话复述课文等。这类练习不但能帮助提高语言水平，而且也能发展逻辑思维能力。

3. 到了提高阶段，应该多做表达思想的练习

如写叙述文、日记、游记、信件等。这类练习的目的是培养同学们能够综合运用已学的英语语言和其他方面的知识，并能用连贯的语言表达自己的思想。

要不断提高写的质量，就必须多读、多背、多查（查阅字典、语法和有关的参考书）、多写（包括临摹名家范文，天天写，经常写）、多改（反复修改自己写的文章；如有条件，可请别人修改）。

【提示】　练习写，要分步骤进行。在入门阶段，要先练好句子。然后在课文学习中，采用多样化的复述练习。最后，学写作文等，用连贯的语言表达自己的思想。总之，要写好，必须多读、多背、多查、多写、多改。